CB136814

MARCO AGISANDER LUNARDI

comandos LinuX

"Prático e didático"

edição compacta

Cópia não autorizada é crime
Lei 9.610 de 19/2/1998
Respeite o direito autoral

EDITORA CIÊNCIA MODERNA

Comandos Linux: Prático e Didático, Edição Compacta

Copyright© 2007 Editora Ciência Moderna Ltda.

Todos os direitos para a língua portuguesa reservados pela EDITORA CIÊNCIA MODERNA LTDA.

Nenhuma parte deste livro poderá ser reproduzida, transmitida e gravada, por qualquer meio eletrônico, mecânico, por fotocópia e outros, sem a prévia autorização, por escrito, da Editora.

Editor: Paulo André P. Marques

Capa e Diagramação: Patricia Seabra

Revisão de provas: Camila Cabete Machado

Assistente Editorial: Daniele M. de Oliveira

Várias Marcas Registradas aparecem no decorrer deste livro. Mais do que simplesmente listar esses nomes e informar quem possui seus direitos de exploração, ou ainda imprimir os logotipos das mesmas, o editor declara estar utilizando tais nomes apenas para fins editoriais, em benefício exclusivo do dono da Marca Registrada, sem intenção de infringir as regras de sua utilização.

FICHA CATALOGRÁFICA

Lunardi, Marco Agisander
Comandos Linux: Prático e Didático, Edição Compacta
Rio de Janeiro: Editora Ciência Moderna Ltda., 2007.

Informática; Sistemas operacionais
I — Título

ISBN: 978-85-7393-562-2 CDD 001642

Editora Ciência Moderna Ltda.
Rua Alice Figueiredo, 46 – Riachuelo
CEP: 20950-150– Rio de Janeiro, RJ – Brasil
Tel: (21) 2201-6662 – Fax: (21) 2201-6896
E-mail: lcm@lcm.com.br
www.lcm.com.br

01/07

A Deus, por ter permitido
que eu escrevesse
este livro

AGRADECIMENTOS

Na produção deste livro, tiveram muitas pessoas que ajudaram no desenvolvimento, e a todas agradeço. Mas em especial para minha família, Ana Paula, minha esposa e aos meus filhos Thiago e Victoria. A meus pais, que me ensinaram o que é certo além de muitas outras coisas. Ao Sr. Paulo André e ao George, da Editora Ciência Moderna, pelas muitas vezes que tive dúvidas na publicação deste e dos outros livros. Ao grande Prof. Amarildo e também a FAETEC – Faculdade de Tecnologia Thereza Porto Marques, de Jacareí – SP. Meus avós, Áurea e Osvaldo Lunardi.

INTRODUÇÃO

Este livro surgiu devido a vários pedidos de leitores que gostariam de ter um livro de comandos que coubesse no bolso.

Na verdade é um resumo dos principais e "mais usados" comandos do Livro Comandos Linux – Prático e didático.

Este livro trata de comandos Linux e é bem direto, inclusive é ausente de índice.

Espero que o mesmo caiba no seu bolso e que tenha uma boa leitura e uso deste livro.

ERRATAS

Espero que não haja erros neste livro, mas caso encontre algum, por favor, me comunique pelo e-mail marco@lunardi.eti.br.

COMO ESTE LIVRO ESTÁ ORGANIZADO

Para tornar a leitura mais objetiva, todos os comandos estão indexados em ordem alfabética.

adduser

Cria um usuário, sem senha, no sistema e por default cria-se automaticamente um diretório em /home com o mesmo nome do usuário.

Os dados do usuário são colocados no arquivo /etc/passwd e os dados do grupo são colocados no arquivo /etc/group.

Caso esteja usando senhas ocultas, conhecido como "shadow" para os usuários, elas serão colocadas no arquivo /etc/shadow e as senhas dos grupos no arquivo /etc/gshadow.

A configuração padrão usada pelo comando adduser é definida no arquivo /etc/default/useradd e em /etc/login.defs.

O comando adduser cria uma entrada para o usuário no arquivo /etc/passwd, contendo o nome do usuário, o diretório, etc.

Veja também: useradd

Sintaxe: adduser opção usuário

Opções:

-s shell:
Define o shell do usuário.

-u uid:
Define o valor do uid do usuário.

-d diretório:
Define o diretório home do usuário, caso contrário será criado um diretório, como por exemplo, /home/marco ou /home/amarildo, etc.

-e:
Define a data de expiração da conta, sendo no formato MM/DD/AA.

-g grupo:
Define o grupo do usuário.

-G grupo(s):
Define outros grupos que o usuário pode pertencer.

Exemplos:

adduser marco

Inclui o usuário marco.

adduser –d /home/lunardi marco

Inclui o usuário marco e também cria o seu diretório home, que será /home/lunardi e não o default /home/marco.

adduser –e 11/04/06 marco

Cria o usuário marco e define que a conta irá expirar em 11/04/06, sendo MM/DD/AA.

adduser marco –g admin

Cria o usuário marco no grupo admin. O grupo deve ser criado primeiro.

adduser -g professor leticia

Cria usuário leticia no grupo professor

Dica:

```
# adduser marco
# echo qwerty | passwd marco – stdin
```

Cria o usuário marco e já define uma senha (qwerty) para o mesmo.

addgroup

Adiciona um novo grupo de usuários no sistema.

Veja também: groupadd

Exemplo:

```
# addgroup professor
```

Cria o grupo professor

alias

Cria-se nomes alternativos para comandos, ou melhor, cria-se apelidos para os comandos, podendo inclusive usar comandos com seus parâmetros.

Veja também: unalias

Exemplos:

```
# alias dir=ls
```

Cria-se um alias "dir" para o comando ls. Quando digitamos dir será então listado o diretório corrente.

```
# alias
```

Simplesmente digitar o comando alias, será listado todos apelidos (alias) existentes e os criados.

apt-get

Obtém, instala, atualiza e remove pacotes. Em modo gráfico, veja o Synaptic.

Exemplos:

```
# apt-get install squid
```

Instala o squid

```
# apt-get install mc
```

Instala o editor mcedit

```
# apt-get update
```

Obtem novas listas de pacotes

```
# apt-get remove mc
```

Remove o editor mcedit

ar

De “archiver”. Extrai arquivos.

Exemplo:

```
# ar -x arquivo.a teste1 teste2
```

Extrai os arquivos teste1 e teste2 do arquivo chamado meuarquivo.a.

arch

Informa a arquitetura do computador.

Exemplo:

```
# arch
```

at

Executa um comando numa data e hora, ou somente uma hora, especificada. Verifique como está configurado o padrão de data/hora no seu sistema. Após digitar este comando, você deverá entrar com o(s) comando(s) a ser(em) executado(s), e para parar pressione <CTRL> <d>. Cada tarefa a ser executada é incluída numa fila e recebe um número. Também é possível ler os comandos a serem executados a partir de um arquivo.

Veja também: atq e atrm

Exemplo:

```
# at 12:00
```

Depois irá aparecer:

at>

Onde deverá ser colocado o comando a ser executado.

Para listar a programação digite at –l

at 12:00 –f arquivo

Irá executar os comandos que estão no arquivo de nome "arquivo".

atq

Usado com o comando *at* e serve para listar a fila de processos, tem a mesma função do comando at –l.

atrm

Usado com o comando at e serve para apagar um processo da fila. Deve-se colocar o número do processo a ser excluído, por exemplo, para apagar o processor de número 6, simplesmente digite:

```
# atrm 6
```

awk

Procura por um modelo a partir de um arquivo. Inclui uma linguagem de programação embutida.

Exemplo:

```
# tail -f /var/log/squid/access.log | awk ´{print$1" "$4"
"$6" "$7" "$11}'
```

Neste exemplo, usando também o comando tail, irá listar todo o conteúdo do arquivo access.log e em tempo real. Uma maneira de listar somente as colunas desejadas seria assim: awk '{print$1" "$4" "$6" "$7" "$11}'

Onde os números acima são as colunas escolhidas e as (" ") para separá-las.

basename

Um comando extremamente simples, mas vale, pois sempre temos que conhecer. O comando basename devolve o nome de um arquivo dado um caminho (absoluto ou relativo).

Exemplo:

```
# basename /etc/passwd
```

Será exibido:

passwd

bc

De "bash calculator". É uma calculadora. Processa as informações a partir de um arquivo ou pode-se entrar com os valores.

Exemplos:

```
# echo 2+2 | bc
4

# echo 2+2-1 | bc
3
```

break

O comando break é usado em estruturas de laço e tem a função de fazer a saída do referido laço, ou seja, o processo que está no laço sairá dele e continuará a seqüência do programa.

Sintaxe: break

Veja também: for, while e continue

bunzip2

De "big unzip". Descompacta um arquivo (*.bz2) compactado com o utilitário bzip2.

Exemplo:

```
# bunzip2 arquivo.bz2
```

cal

Exibe um calendário.

Exemplos:

```
# cal

# cal -y
```

case

Muito usado em scripts. O case, parecido como o if, é para controle de fluxo, sendo que o if testa expressões não exatas e o case age de acordo com os resultados exatos. O case é muito usado em menus.

Sintaxe:

```
case $VAR in
    txt1) comandos ;;
    txt2) comandos ;;
    txt3) comandos ;;
    txtN) comandos ;;
         *) comandos ;;
esac
```

Melhorando o entendimento da sintaxe:

```
case  "$variavel"in
           primeira_opcao)
                   comando1
                   comando2

           segunda_opcao)
                   comando3
                   comando4
          *)
                   comando5

  esac
```

Um exemplo:

```
case  $VAR_TESTE  in
    parametro1)  comando1  ;  comando2  ;;
    parametro2)  comando3  ;  comando4  ;;
    *)  echo  "Favor  entrar  com  um  parâmetro  válido"  ;;
esac
```

O case lê a variável $VAR_TESTE, que é o primeiro parâmetro passado para o programa, e compara com valores exatos. Se a variável $VAR_TESTE for igual ao "parametro1", então o programa executará o comando1 e o comando2; se for igual ao "parametro2", executará o comando3 e o comando4. A última opção *), que é padrão do case, se o parâmetro passado não for igual a nenhuma das outras opções anteriores, esse comando será executado automaticamente.

cat

Concatena (combina) um ou mais arquivos e apresenta na saída padrão, lista um arquivo, além de outras funções.

Exemplos:

```
# cat teste1.txt
```

Lista o arquivo teste1.txt.

```
# cat teste1.txt | more
```

Lista o arquivo teste1.txt por partes (paginado).

```
# cat teste1.txt | grep mozilla | more
```

Lista o arquivo teste1.txt, mostrando somente as linhas que contém a palavra mozilla, por partes.

```
# cat -n teste1.txt | more
```

Lista o arquivo teste1.txt por partes, numerando todas as linhas.

```
# cat -n teste1.txt > teste3.txt
```

Lista o arquivo teste1.txt, numerando todas as linhas dentro do novo arquivo teste3.txt.

Um outro exemplo, veja o conteúdo do arquivo teste1:

3354 linha1
65756 linha2
345345 linha3
223 linha4
45325 linha5

Agora digitamos o comando:

```
# cat teste1 | sed 's/^.\{6\}//' > teste4
```

O resultado e o conteúdo do arquivo teste4 criado pelo cat:

linha1
linha2
linha3
linha4
linha5

Veja o conteúdo do arquivo teste1:

linha1 do teste1
linha2 do teste1
linha3 do teste1

Agora o conteúdo do arquivo teste2:

linha1 do teste2
linha2 do teste2

Agora digitamos o comando:

```
# cat teste1 teste2 > teste3
```

Veja o conteúdo do arquivo teste3 criado agora pelo comando cat:

linha1 do teste1
linha2 do teste1
linha3 do teste1
linha1 do teste2
linha2 do teste2

Para criar um arquivo com o comando cat digite:

```
# cat> teste4.txt
```

Depois digite um texto qualquer e quando terminar pressione <CTRL> <d> numa linha vazia.

Depois digite para verificar:

```
# cat teste4.txt
# cat /etc/mtab
```

Lista a tabela de partições e arquivos de sistema montados.

```
# cat /etc/fstab
```

Lista a tabela de partições e arquivos de sistema.

```
# cat /etc/issue
```

Mostra qual distribuição do Linux está sendo usada.

Pode-se colocar uma mensagem, por exemplo, de "bem vindo" neste arquivo e quando for feito o login, também será mostrado esta mensagem.

```
# cat /proc/cpuinfo
```

Mostra informações sobre a CPU.

```
# cat /proc/interrupts
```

Mostra as interrupções de hardware em uso.

```
# cat /proc/version
```

Mostra principalmente a versão do linux.

```
# cat /proc/filesystems
```

Mostra os tipos de sistemas de arquivos em uso.

```
# cat /etc/printcap
```

Mostra a configuração das impressoras.

```
# cat /var/log/secure
```

Mostra o log do sistema.

cd

De "change directory". Este comando tem a importante função de mudar o diretório.

Exemplos:

```
# cd ..
```

Retrocede um diretório.

```
# cd /etc/apt
```

De onde estiver, vai para o diretório /etc/apt

```
# cd -
```

Muda para o diretório anterior.

cfdisk

Utilitário de particionamento de disco. Na prática este comando é mais fácil de se usar que o fdisk.

Exemplo:

```
# cfdisk /dev/hda
```

chage

Administra validade de senhas dos usuários.

Exemplos:

```
# chage -M 90 marco
```

Valida a senha do usuário marco por 90 dias.

```
# chage -W 5 marco
```

Número de dias que um aviso será dando antes da senha expirar, neste exemplo 5 dias.

O usuário quando se logar irá receber uma mensagem parecida com:

```
Warning: your password will expire in 9 days
```

```
# chage -I 3 marco
```

Número de dias possíveis para alterar a senha após a expiração da mesma.

```
# chage -I marco
```

Pode-se também executar o comando puro com o nome do usuário e será questionado as respostas:

```
# chage marco
```

chattr

Altera atributos avançados de um arquivo.

chfn

Este comando altera as informações, não relevantes, de um usuário, como por exemplo, nome completo, telefone, etc. Esta informação é mostrada quando o comando finger é executado em seu login e portando, por segurança, deve ser desabilitado para usuários comuns.

Opções:

-f

Muda o nome completo do usuário.

-r

Muda o número da sala do usuário.

-w

Muda o telefone de trabalho do usuário.

-h

Muda o telefone residencial do usuário.

-o

Muda outros dados do usuário.

Exemplos:

```
# chfn
```

```
# chfn -f "Marco Lunardi" root
```

Muda somente o nome do usuário root. Quando o nome conter espaços, coloque-o entre aspas, conforme no exemplo acima.

chgrp

De "change group". Altera o dono (grupo) de arquivo ou diretório.

Exemplo:

```
# chgrp aluno /home/aluno
```

Assim como outros comandos do Linux, também pode-se usar o ID ao invés do nome.

chkconfig

Lista e altera ajustes para níveis de execução do sistema, ou melhor, serviços do sistema que não são automaticamente iniciados em diferentes níveis de execução (runlevel).

Exemplos:

```
# chkconfig –level 123456 kudzu off
```

Desabilita o kudzu para nenhum nível de execução.

```
# chkconfig -list
```

Lista todos os serviços iniciados e/ou interrompidos nos níveis de execução.

chmod

De "change mode". Troca a permissão de arquivo ou diretório.

Veja também: umask

Exemplos:

```
# chmod 777 teste1.txt
```

Troca a permissão do arquivo teste1.txt, neste exemplo, todos têm direito a tudo.

```
# chmod -R 777 /home
```

Troca a permissão do diretório /home, assim como tudo que estiver nele, pois usamos a opção –R de recurssivo.

```
# chmod 777 texte4.txt
```

Com isso trocamos a permissão do arquivo para que todos tenham direito a tudo.

```
# chmod +x teste.sh
```

Altera as permissões do arquivo teste.sh para torná-lo executável, principalmente nos arquivos de scripts.

chown

Troca o dono (proprietário) de arquivo ou diretório.

Exemplos:

```
# chown marco:root texto5
```

```
# chown marco:root texto5
```

chroot

Este comando altera o diretório "/", chamado de diretório raiz, para um outro diretório.

Sintaxe: chroot <local original> <novo local no sitema de arquivos>

chsh

Altera o shell padrão do usuário. A opção –l lista os que estão disponíveis.

chvt

De "change virtual terminal". Muda o terminal.

Sintaxe: chvt número

Exemplos:

```
# chvt 2
```

Muda para o tty2.

```
# chvt 1
```

Muda para o tty1.

clear

Limpa a tela no terminal.

```
# clear
```

clock

Mostra e altera a data e hora do relógio do hardware.

Veja também: setclock e hwclock

Exemplo:

```
# clock
```

colrm

Extrai colunas de um arquivo.

Exemplos:

```
# more teste55 | colrm 4

# more teste55 | colrm 6
```

compress

Compactador de arquivos. O arquivo compactado por este programa recebe a extensão .Z.

Veja também: uncompress

Exemplos:

```
# compress -r /home/marco
```

Neste exemplo será compactado todo o diretório marco e com todos os arquivos que lá existem (opção –r).

```
# compress -f arquivo.conf
```

Neste exemplo será compactado o arquivo "arquivo.conf" e com links, caso existam (opção –f).

continue

O comando continue é usado em estruturas de laço while e do while e tem a função de forçar a próxima interação do laço pulando o código que estiber abaixo.

Sintaxe: continue

cotas

Cota é o espaço em disco que, por exemplo, o administrador define para cada usuário. As definições do sistema de cotas são armazenadas no arquivo /etc/quota.conf.

Veja também: edquota, quota, quotaoff e quotaon

cp

De "copy". Copia arquivo ou diretório.

Exemplos:

```
# cp /home/marco/teste1.txt /home/augusto/teste1.txt
```

Copia o arquivo teste1.txt para o diretório /home/augusto com o mesmo nome.

```
# cp /home/marco/teste1.txt /home/marco/teste2.txt
```

Copia o arquivo para o mesmo local mas alterando o nome.

```
# cp -f /home/marco/teste1.txt /home/marco/teste1.txt
```

Copia o arquivo para o mesmo local e não pergunta para sobrescrever (opção -f) . Esta opção é interessante para se fazer back-up, mas perigosa numa falta de atenção.

```
# cp -R /home/marco /home/teste
```

Copia todo o diretório /marco, com todo seu conteúdo (opção -R) para o novo criado, o /teste.

```
# cp *.txt /home/teste
```

Copia todos os arquivos com extensão .txt do diretório local para o diretório /home/teste.

Outras opções:

-p

Preserva as permissões.

-b

Faz cópias de back-up.

-d

Copia os links e não os arquivos para quais os links apontam.

crontab

Agenda tarefas para serem executadas periodicamente. Com ele é possível programar para ser executado algo numa certa periodicidade ou até mesmo num exato dia e/ou numa exata hora. O uso comum deste comando é o agendamento de tarefas administrativas de manutenção do seu sistema. O funcionamento é simples, ele é iniciado quando da inicialização do linux, e é ativado a cada minuto, ou seja, de minuto em minuto verifica se alguma tarefa foi agendada para ser executada naquele minuto. Resumindo, pode-se programar tarefas para serem automaticamente executadas. A configuração do crond é armazenada num arquivo e é chamado de crontab, que é um serviço.

A configuração global, que é o root quem controla, pode ser configurado para executar qualquer tarefa de qualquer lugar e como qualquer usuário. Já na parte por usuário, cada usuário tem seu próprio arquivo crontab, sendo restringido apenas ao que o usuário pode fazer.

Para configurar um cron, utiliza-se o comando crontab, juntamente com um parâmetro, ou seja, uma forma de uso. Cada linha do arquivo tem a seguinte forma:

hora completa   data completa   comando

Os comandos declarados no campo "comando", conforme mostrado acima, são processados pelo Shell /bin/bash.

Opções:

-e

Usada para editar o crontab atual usando o editor especificado nas variáveis de ambiente visual ou editor. Após a finalização da edição, o arquivo crontab modificado/criado terá efeito imediato.

-l (*letra L minúscula*)

Exibe o atual conteúdo do crontab do usuário.

-r

Remove o crontab atual.

Configurações

Para verificar os arquivos crontab dos usuários, é necessário estar como root e os arquivos dos usuários, caso existam, são colocados no diretório:

```
/var/spool/cron/cron_do_usuário
```

Por exemplo, um cron criado pelo root, teria o seguinte nome e estaria em:

```
/var/spool/cron/root
```

O arquivo crontab global (do root) fica no diretório /etc/.

Um exemplo da linha de configuração:

```
0   4     *     *     *     clear
```

Esta linha iria executar o comando clear todo dia, todo mês, qualquer dia da semana, às 4 horas e 0 minuto.

Explicando:

A linha de configuração do crond é dividida em 6 campos separados por um ou mais espaços ou até mesmo pressionando a tecla <TAB>:

	campo do exemplo acima	**função**
1º	0	minuto
2º	4	hora
3º	*	dia
4º	*	mês
5º	*	dia da semana
6º	clear	programa para execução

Abaixo é mostrado as opções para cada campo:

Campo	**opções**
Minuto	0-59
Hora	0-23
Dia	1-31
Mês	1-12 ou as 3 primeiras letras da palavra
Dia da semana	0-6

Observação:

no campo "dia da semana", segue o padrão: 0-domingo, 1-segunda, 2-terça, 3-quarta, 4-quinta, 5-sexta e 6-sábado. Para fins de organização, pode-se utilizar o 7 como sendo o domingo também.

Algumas flexibilidades, em pequenos exemplos:

42 * * * *

Agendamento de uma tarefa para ser executada toda hora, todo dia e sempre nos minutos 42.

* 1-4 * * *

Agendamento de uma tarefa para ser executada às 1:00, 2:00, 3:00 e 4:00 da manhã, todo dia.

* 1-2 * * 3-5

Agendamento de uma tarefa para ser executada às 1:00 e 2:00 da manhã, nas quarta, quinta e sexta-feiras.

0 23 * * 0

Agendamento de uma tarefa para ser executada todo domingo, as 23:00.

10 22 1,30 jan *

Agendamento de uma tarefa para ser executada todo dia 1 e 30 do mês de janeiro, as 22:10.

0 2 * * *

Agendamento de uma tarefa para ser executada todo dia as 2:00 da manhã.

30 14 * * 0

Agendamento de uma tarefa para ser executada todo domingo, as 14:30.

0 12 30 * *

Agendamento de uma tarefa para ser executada todo dia 30 ao meio-dia.

10 14 * 6 mon

Agendamento de uma tarefa para ser executada as 14:10, a cada segunda-feira do mês de junho em todos os anos.

Exemplos:

42 * * * * root cp /etc/at.deny /etc/marco

No exemplo acima, o comando cp irá copiar o arquivo at.deny para o arquivo marco, sendo toda hora, todo dia e sempre nos minutos 42, como usuário root.

* 1-4 * * * root cp /etc/at.deny /etc/marco

No exemplo acima, o comando cp irá copiar o arquivo at.deny para o arquivo marco, sendo às 1:00, 2:00, 3:00 e 4:00 da manhã, todo dia, como usuário root.

* 1-2 * * 3-5 root cp /etc/at.deny /etc/marco

No exemplo acima, o comando cp irá copiar o arquivo at.deny para o arquivo marco, sendo às 1:00 e 2:00 da manhã, nas quarta, quinta e sexta-feiras, como usuário root.

0 23 * * 0 root cp /home/marco/teste1 /home/marco/teste3

No exemplo acima, será copiado o arquivo teste1 para o arquivo teste3, do diretório /home/marco/, todo domingo, as 23:00, como usuário root.

10 22 1,30 jan * root cp /home/marco/teste1 /home/marco/teste3

No exemplo acima, será copiado o arquivo teste1 para o arquivo teste3, do diretório /home/marco/, todo dia 1 e 30 do mês de janeiro, as 22:10, como usuário root.

Observação:

No arquivo do crontab, o sexto campo pode ser substituído pelo nome do usuário, adicionando automaticamente um sétimo campo com o programa para a execução, como mostrado nos exemplos acima.

0-59/1 * * * * root cp /home/marco/teste1 /home/marco/teste3

No exemplo acima, será copiado o arquivo teste1 para o arquivo teste3, do diretório /home/marco/, durante 1 em 1 minuto dos minutos 0-59, ou seja, executar sempre de minuto a minuto.

Criando um cron

Aqui vamos criar um cron, como usuário root, que após criado pode ser alterado ou modificao conforme sua necessidade.

Como escrito acima, os cron, após criados, ficam em /var/spool/

Para criar um cron:

crontab –e

Irá abrir um novo arquivo pelo editor vi

Tecla <INSERT> para entrar em modo de inserção.

Digitar a linha de comando, como por exemplo:

30 22 * * * cp /var/log/messages /home/copia_messages

Para sair e salvar, pressione a tecla <ESC> e depois digite :wq

Pronto, após isso será criado o arquivo root em /var/spool/cron

Para testar, digite:

crontab –l

Deverá aparecer o conteúdo do arquivo root.

Caso não apareça, reinicie o serviço, digitando:

```
# cds
# ./crond stop
# ./crond start
```

cryptdir

Criptografa arquivos e os mesmos terão a extensão .crypt. Como não poderia deixar de informar, será solicitado uma senha !

Veja também: decryptdir

cut

Mostra seções (partes) de cada linha do arquivo dependendo das opções passadas ao programa.

Sintaxe: cut opção arquivo

Opções:

-b

Mostra somente a lista de bytes do arquivo.

-c

Mostra somente o número de caracteres no arquivo.

-f

Mostra somente a lista de campos.

-d

Para uso com a opção -f, os campos são separados pelo primeiro caracter em delimitador ao invés de tabulações.

-s

Para uso com a opção -f, somente mostra linhas que contém o caracter separador de campos.

Exemplos:

```
# cat teste55 | cut -f1 -d" "
```

```
# cat teste55 | cut -f2 -d" "
```

date

Mostra e/ou altera data e hora do sistema.

```
# date
```

```
# date -s 1622
```

Altera somente a hora e neste exemplo para as 16:22.

Algumas opções: +[FORMATO]

- %d - dia do mês (1-31)
- %m - mês do ano (1-12)
- %y - ano (dois dígitos: 05)
- %Y - ano (quatro dígitos: 2005)
- %H - hora (1-24)
- %I - hora (1-12)
- %M - minuto (00-59)
- %j - dia do ano (1-366)
- %p - AM/PM
- %r - formato de 12 horas completo (hh:mm:ss AM/PM).
- %T - formato de 24 horas completo (hh:mm:ss)
- %w - dia da semana (0-6)

Exemplos:

```
# DATA='date +%m%d%y'
```

Depois digite:

```
# echo $DATA
```

Irá retornar:

031007

O comando date, como especificado acima, irá retornar o valor 031006, onde 03 indica o mês de março, 10 o dia do mês e 07 o ano.

Importante notar as aspas invertidas ("). Ao se delimitar um comando por aspas invertidas você está indicando que está interessado no resultado do comando, que por sua vez será atribuído à variável.

```
# variavel="hoje é 'date'"

# echo $variavel
```

Deverá aparecer a data completa.

dc

De "desk calculater". Uma calculadora.

Exemplo:

```
# dc
10
20
+
p
30
q
```

Para somar os números 10 e 20, primeiro foram digitados os valores, e só depois o sinal de adição. A letra "p" foi digitada para que o resultado da soma fosse mostrado na tela. A tecla "q" serve para sair do programa.

decryptdir

Descriptografa arquivo(s) que foram criptografados pelo comando cryptdir.

Veja também: cryptdir

df

De “disk free”. Mostra as partições, inclusive o uso atual e espaço livre, ou seja, a capacidade do HD.

Exemplos:

```
# df
# df -h
# df -all
```

dialog

Um programa, que até podemos chamá-lo de comando, que serve para desenhar interfaces, ou melhor, caixas de diálogos, com botões e menus. O dialog é usado no desenvolvimento de scripts.

Exemplos:

Mostra um texto qualquer, que neste caso é o conteúdo do arquivo texto1:

```
dialog \
—title 'Bem vindo' \
—exit-label 'Ok' \
—textbox texto1 \
18 66
```

Igual ao anterior, mas neste, irá mostrar o conteúdo do arquivo texto2:

```
dialog \
       —title 'Ajuda' \
       —exit-label 'Ok' \
       —textbox texto2 \
      18 66
```

Um menu completo:

OPCAO='dialog —title 'MENU – Selecione uma opção' —help-button —help-label 'Ajuda' —nocancel —stdout —menu 'Utilize as setas e tecle <ENTER> na opção escolhida' 15 75 8 Básica '>> Inicia uma configuração básica do sistema' Inst_Firewall '>> Instala uma configuração de regras para o Iptables' Conf_Firewall '>> Configura o serviço de regras do Iptables ' Inst_Proxy '>> Instala os pacotes do proxy Squid' Conf_Proxy '>> Configura o serviço de Proxy' Inst_Samba '>> Instala os pacotes do Samba' Conf_Samba '>> Configura o serviço do Samba' Sair '>> Sai deste configurador"

Neste último exemplo usamos com a variável chamada OPCAO, que poderia ser usada depois numa estrutura com o comando case.

Mostra um texto e tem a opção de continuar ou não:

```
dialog \
       —title 'Atenção' \
        —yesno 'Neste tipo de configuração será executado:
```

Instalação dos seguintes Pacotes:

- MC
- KUDZU
- OpenSSH
- Iptables
- APM (micro com fonte ATX)

Configuração de:

- Rede
- Compartilhamento da Internet
- Criação do usuário desliga com a senha desliga
- Criação do diretório Sistema, onde ficarão todas as configurações

Deseja continuar ?' \

20 72

Mostra uma mensagem e uma opção de apenas clicar no OK e continuar:

dialog —title 'Atenção' —msgbox "O pacote MC já está instalado !" 5 36

Abaixo temos 4 exemplos, usando variáveis, e quando é perguntado, por exemplo, "Qual o device da primeira placa?", no campo da resposta, já é colocado "eth0", sendo que o usuário pode simplesmente teclar <ENTER> e continuar ou alterar a resposta para uma outra.

```
var01=$( dialog –stdout –inputbox 'Qual o device da primeira placa ?' 8 40 'eth0' )

var02=$( dialog –stdout –inputbox 'Qual o driver da primeira placa ?' 8 40 'ne' )

var03=$( dialog –stdout –inputbox 'Qual o device da segunda placa ?' 8 40 'eth1' )

var04=$( dialog –stdout –inputbox 'Qual o driver da segunda placa ?' 8 40 'ne' )
```

Esta forma é interessante, pois a resposta do usuário fica armazenada na variável, podendo ser usada posteriormente.

dir

Lista arquivos e diretórios corrente, caso não seja especificado outro.

Veja também: ls e vdir

Exemplos:

```
# dir
```

```
# dir -a
```

Lista tudo.

dirname

Devolve o nome do diretório.

Exemplos:

```
# dirname /etc/passwd
/etc
```

```
# dirname /etc/lilo.conf
/etc
```

Como você viu, este comando tem uma função relativamente simples, ou seja, sua utilização é muito precária, mas útil em scripts.

dmesg

Mostra as mensagens de inicialização do kernel. São mostradas as mensagens da última inicialização do sistema.

Exemplos:

```
# dmesg
```

Lista.

```
# dmesg | less
```

Lista com pausa.

dnsdomainname

Mostra o nome do domínio de seu sistema.

Exemplo:

```
# dnsdomainname
```

done

Usado com o comando for.

Veja também: scripts e for

domainname

Mostra ou altera o nome de domínio NIS.

dos2unix

Um aplicativo, muito útil, que transforma arquivo do tipo DOS em UNIX.

Sintaxe: dos2unix arquivo

Exemplo:

```
# dos2unix /etc/squid/bloqueado.txt
```

Transforma o arquivo bloqueado.txt no padrão UNIX.

Dica:

Isso acontece, as vezes, quando abrimos um arquivo UNIX no DOS ou no Windows.

du

De "disk usage". Mostra a utilização de espaço em disco para arquivos e diretórios.

Algumas opções:

-s

Summary

-k

Kilobyte

-h

Human readable

Exemplos:

```
# du -ha
```

```
# du / -bh
```

echo

Este comando é muito difícil de escrever sobre sua funcionalidade, pois existem várias! Vou tentar descrever algumas e depois colocar vários exemplos. Echo é uma poderosa ferramenta que faz, dentre outras coisas:

- Apresenta uma linha de texto em branco.
- Muito usado em scripts.
- Mostra mensagens.
- Mostra o conteúdo dos diretórios.
- Mostra o retorno de comandos.

Veja alguns exemplos com o "echo" no "Capítulo S" em scripts.

Exemplos:

```
# echo "bom dia"
```

bom dia

A opção -n pode ser usada para que não ocorra o salto de linha após a mensagem ser mostrada.

```
# echo -n "bom dia"

# echo "linha xxxx" >> teste
```

O direcionador irá inserir a "linha xxxx" ao final do arquivo teste e caso o mesmo não existe, será criado.

Já a opção > apaga todo o conteúdo do arquivo e insere o conteúdo especificado.

```
# echo "linha de teste" > teste

# echo 1 > /proc/sys/net/ipv4/ip_forward
```

Altera o valor deste arquivo que neste caso é para fazer redirecionamento.

```
# echo -n > teste
```

Neste exemplo, o echo apaga todo o conteúdo do arquivo teste.

```
# variavel="hoje é 'date'"
# echo $variavel
```

Deverá aparecer a data atual.

```
# echo "Qual seu nome ? " ; read variavel
```

Deverá aparecer:

Qual seu nome ?

E depois:

O nome digitado...

Verificando o shell atual, então digite:

```
# echo $SHELL
```

Deverá ser mostrado algo com: /bin/bash

Calculando (com o comando bc) e mostrando. Digite:

```
# echo "(10-6)2" | bc
```

Será retornado 2.

egrep

Procura num arquivo linhas que combinam com o que você especificou.

Veja também: grep e fgrep

Exemplos:

Primeiro veja o conteúdo do arquivo teste:

linha1

linha2

linha3

linha4

Agora os comandos:

```
# egrep linha1 teste
```

Será retornado:

linha1

```
# egrep linha teste
```

Será retornado:

linha1

linha2

linha3

linha4

```
# egrep -n linha2 teste
```

Será retornado:

2: linha2

Neste exemplo, além de mostrar o conteúdo da linha que ele achou (linha2), também mostrou o número da linha (2).

```
# egrep -v linha2 teste
```

Será retornado:

linha1

linha3

linha4

Neste exemplo, com a opção –v, foi mostrado tudo, exceto o não correspondente que era a linha que tinha o conteúdo de “linha2”.

eject

Comando para uso com a unidade de CD/DVD, para ser mais exato, com a bandeja.

Exemplos:

```
# eject
```

Ejeta a bandeja.

```
# eject -t
```

Fecha (recolhe) a bandeja.

else

Usado com o comando if.

Veja também: scripts e if

env

Mostra uma lista do conteúdo do ambiente shell do usuário, ou seja, será listado uma coluna, sendo a do lado esquerdo, o nome da variável e a do lado direito o seu valor.

Veja também: printenv

esac

Usado juntamente com o comando case.

Veja também: case e scripts

exit

Termina o shell (sai da sessão atual). Caso execute um segundo shell, voltará para o primeiro shell encerrando o segundo, como por exemplo, caso tenha se logado como usuário marco e depois executado o comando su para logar como root, depois estando como root e executar o exit, você voltará estar como usuário marco.

Veja também: logout

Sintaxe:

exit

Este comando é muito usado para finalizar ou sair de um script.

expr

Usado em fórmulas matemáticas para avaliar argumentos. Muito usado em scripts.

Exemplos:

```
# expr 2 + 2
4

# expr 2 - 1
1
```

false

Retorna um status de saída de falha. Usado em scripts.

fdformat

Formata um disquete.

Exemplos:

fdformat –h

Help do comando.

fdformat /dev/fd0

Formata um disquete usando a densidade padrão, que normalmente é de 1440 k.

fdformat /dev/fd0H1440

Formata um disquete forçando a alta densidade, que é de 1440 k.

fdisk

De "fixed disk", traduzindo, disco fixo. Ferramenta para uso de partição(ões), ou seja, manipulação de partições.

Exemplo:

fdisk –l

Lista a(s) partição(ões) correntes. Incluindo, Swap, FAT32, etc, exemplo de partições.

fgrep

Procura num arquivo linhas que combinam com o que você especificou.

Veja também: grep e egrep

fi

Usado juntamente com o comando if.

Veja também: scripts

file

Exibe e altera o tipo de um arquivo. Informa se é um arquivo texto, binário ou compactado.

Exemplos:

```
# file /home/teste34
```

```
# file /home
```

Alguns tipos de retorno:

- ASCII text
- directory
- Bourn-Again shell script

find

Pesquisa arquivos a partir de caminhos especificados, ou abaixo do diretório atual. Esta pesquisa de arquivos, pode ser das mais variadas formas, por exemplo, por data, permissões, donos, etc.

Exemplos:

find /home -name teste

Irá pesquisar o arquivo teste a partir do diretório /home, incluindo seus subdiretórios.

find /home -name ´teste*´

Irá pesquisar todos os arquivos que comecem com teste, inclusive quaisquer extensões, a partir do diretório /home, incluindo seus subdiretórios.

find / -name ´teste*´

Irá pesquisar todos os arquivos que comecem com teste, inclusive quaisquer extensões, a partir do /, incluindo todos seus subdiretórios, ou seja, em tudo.

find / -name teste2 -exec rm -f {} \;

Irá pesquisar todos os arquivos com o nome de teste2, a partir do /, e quando achar irá executar o comando rm –f, ou seja, irá apagá-los sem pedir confirmação. A string "{}" substitui pelo nome do arquivo encontrado e a "\" termina a lista do comando. A sintaxe para uso com a opção –exec seria assim: # find /caminho –exec comando {}\;

find / -name teste6 –user marco

Irá pesquisar todos os arquivos com o nome de teste6, a partir do /, sendo esses arquivos do usuário marco.

find / -type l –user marco

Irá pesquisar todos os arquivos que sejam do tipo links simbólicos (-type l), a partir do / e que sejam do usuário marco. A opção –type aceita d (diretórios), f (arquivos normais) e o l (letra ele minúscula) que mostrei acima.

finger

Mostra detalhes sobre os usuários logados num sistema local ou remoto. Para fins de segurança, é recomendado desativar este serviço na máquina local.

Sintaxe: finger usuário ou usuário@host

for

Comando muito utilizado em scripts. Veja mais sobre scripts no capítulo S.

O laço for vai substituindo uma variável por um valor, e vai executando os comandos pedidos.

Sintaxe:

```
for VAR in LISTA
      do
             comandos
done
```

ou:

```
for  ((exp1;exp2;exp3))
```

Exemplos:

No terminal:

```
# for i in 1 2 3 4 5 6 7 8 9; do echo $i; done
```

Num arquivo:

```
for i in *
   do
       cp $i $i.backup
        mv $i.backup /home/backup
done
```

Primeiramente o laço for atribuiu o valor de retorno do comando "*" (que é equivalente a um ls sem nenhum parâmetro) para a variável $i, depois executa o bloco de comandos. Em seguida atribui outro valor do comando "*" para a variável $1 e executa novamente os comandos. Isso se repete até que não sobrem valores de retorno do comando "*".

Outro exemplo:

```
for original in *; do
     resultado='echo $original |
                   tr '[:upper:]' '[:lower:]'`
    if [ ! -e $resultado ]; then
        mv $original $resultado
   fi
done
```

Aqui, o que ocorre é a transformação de letras maiúsculas para minúsculas. Para cada arquivo que o laço lê, uma variável chamada $resultado irá conter o arquivo em letras minúsculas. Para transformar em letras minúsculas, usei o comando tr. Caso não exista um arquivo igual e com letras minúsculas, o arquivo é renomeado para o valor da variável $resultado, de mesmo nome, mas com letras minúsculas.

free

Exibe um relatório da memória livre, usada, e o buffers da memória RAM, assim como o Swap.

Opções:

-b:

Mostra em bytes

-k:

Mostra em kbytes

-m:

Mostra em megabytes

-t:

Mostra uma linha com o total

Exemplos:

```
# free

# free -m
```

ftp

De "file transfer protocol". Permite a transferência de arquivos do computador remoto para um local ou do local para o remoto. O file transfer protocol é o sistema de transmissão de arquivos mais usado na Internet. É necessário ter um serviço de ftp rodando para se fazer a conexão, ou seja, um servidor de ftp. Numa conexão é necessário fazer a autenticação do usuário, sendo que em muitos servidores ftp são disponibilizados o acesso anônimo aos usuários, ou melhor, acesso público.

Alguns dos comandos ftp essenciais são:

ls:

Mostra os arquivos no sistema remoto.

ASCII, binary (estabelece o modo de transferência para texto (ascii) ou binário, é importante que você selecione o apropriado).

get:

Copia um arquivo do sistema remoto para o sistema local.

mget:

Copia vários arquivos de uma só vez.

put:

Copia um arquivo do sistema local no sistema remoto.

mput:

Copia vários arquivos no sistema remoto de uma só vez.

Bye:

Encerra sessão.

função

Funções são muito utilizadas em scripts. Veja mais sobre scripts no Capítulo S.

Funções são blocos de comandos que podem ser definidos para uso posterior em qualquer parte do programa, ou script. Praticamente todas as linguagens usam funções que ajudam a organizar o programa. É muito comum um script começar simples e terminar enorme, chegando a ter várias páginas de código. A definição de funções para tarefas tais como menus, verificação de argumentos, etc, torna o código muito mais legível e fácil de ser analisado.

Sintaxe:

```
funcao()  {
     comando1
     comando2
     ...
}
```

A função será como um comando próprio, ou seja, você executa a função em qualquer lugar do script, e os comandos que lá estão serão executados.

Pode-se inclusive criar programas e colocar as funções num arquivo separado e no início do programa principal coloca-se uma chamada para carregar as funções, como por exemplo:

```
#!/bin/sh
read  /home/marco/progs/funcao02.sh
...
.... 
..... 
......
```

Um exemplo de chamada de uma função num mesmo arquivo:

```
funcao1() {
comando1
comando2
comando3
}
.
.
.
.
parte do meu programa
.
.
.
funcao1          (aqui eu chamo a função)
.
.
```

fuser

Identifica os usuários que estão usando um determinado arquivo e/ou diretório, inclusive o processo.

Sintaxe: fuser opção

Exemplos:

```
# fuser -u /home/marco
```

Um outro exemplo, para ver quem está acessando o cd-rom:

```
# fuser -u /mnt/cdrom
```

Use:

```
# fuser -h
```

ou

```
# man fuser
```

Ajuda do comando fuser.

getty

Faz parte do pacote getty_ps. O getty é iniciado pelo processo init para abrir as linhas tty e configurar o seu modo de funcionamento, imprimir a identificação de acesso ao sistema e receber o nome do usuário e iniciar o processo login para o usuário. Resumindo, ele ajuda no processo de permissão de acesso dos usuários, assim como também o init e o login, aliás, o getty é o segundo comando no processo, sendo na seqüência, init, getty e login, sendo que o processo init inicia o getty. Algumas distribuições executam um getty de funcionalidade reduzida chamado mingetty.

gpg

Este comando encripta e decripta um arquivo.

Exemplos:

```
# gpg -c teste
```

Encripta o arquivo teste.

```
# gpg teste.gpg
```

Decripta o arquivo teste.gpg.

grep

Procura por palavra especificada, ou uma expressão, nas linhas de um arquivo. Basicamente ele faz buscas. É muito usado juntamente com o pipe (|) e caracteres coringas.

Exemplos:

```
# grep mozilla teste1.txt
```

Irá mostrar todas as linhas que contenha a palavra mozilla do arquivo teste1.txt

```
# grep -n mozilla teste1.txt
```

Irá mostrar todas as linhas que contenha a palavra mozilla do arquivo teste1.txt, numerando-as.

```
# grep -n mozilla teste1.txt > teste5
```

Irá colocar todas as linhas, numeradas, que contenha a palavra mozilla do arquivo teste1.txt no novo arquivo criado, o teste5.

```
# grep marco /etc/passwd
```

Irá procurar, e caso ache, listar a linha onde contém a palavra marco no arquivo /etc/passwd.

```
# grep ^m /tec/passwd
```

Irá listar a linha que contenha qualquer palavra iniciada com a letra m no arquivo especificado.

Observação:

O caracter " ^ " significa começo de linha e o " $ " significa fim da linha.

```
$ grep T$ /etc/firewall.sh
```

Irá listar todas as linhas que tenham alguma palavra que termina com T do arquivo especificado.

```
$ grep T$ /etc/firewall.sh > /home/teste9
```

Irá listar todas as linhas que tenham alguma palavra que termina com T do arquivo especificado e colocá-las no arquivo /home/teste9.

```
$ grep -c T$ /etc/firewall.sh
```

Irá listar, mas não mostrar, todas as linhas que tenham alguma palavra que termina com T do arquivo especificado e retornar a quantidade total de linhas achadas, por exemplo, 24.

```
# rpm -qa | grep iptables
```

Irá listar todos os pacotes do iptables.

```
# grep -v echo /home/verlogs1.sh
```

Irá listar todas as linhas que não (-v) tenham a palavra echo, do arquivo especificado.

```
# grep -v ^# /home/verlogs1.sh
```

Irá listar todas as linhas que não (-v) comecem (^) com o caracter #, do arquivo especificado.

```
# grep -v ^# /home/verlogs1.sh > teste14
```

Irá listar todas as linhas que não comecem com o caracter #, do arquivo especificado e colocando-as no arquivo teste14.

```
# grep -v ^#  /etc/apache/configura.conf | sed -e '/^$/d'
```

Irá listar todas as linhas que não comecem com o caracter # e as mesmas serão direcionadas (o pipe) para o comando sed que neste caso não irá exibir as linhas em branco.

```
# grep marco /etc/passwd
```

Neste exemplo irá procurar a palavra marco no arquivo especificado, mas caso exista a palavra marcos no arquivo, será mostrado ! Então neste caso, use:

```
# grep -w marco /etc/passwd
```

Operadores úteis:

Use o [ ] para casar algum caracter, ou faixa, de uma lista:

"[Ee]sta" é o mesmo para as linhas contendo "Esta" ou "esta"

"[^Ee]sta" é o mesmo para as linhas que não contém "Esta" ou "esta"

[0-5] é o mesmo para as linhas contendo [012345]

[a-d] é o mesmo para as linhas contendo [abcd]

[A-D] é o mesmo para as linhas contendo [ABCD]

[[:alpha:]] é o mesmo para as linhas contendo [a-zA-Z]

[[:upper:]] é o mesmo para as linhas contendo [A-Z]

[[:lower:]] é o mesmo para as linhas contendo [a-z]

```
# grep "suse\|conectiva" teste
```

Mostra linhas contendo "suse" OU "conectiva" do arquivo teste.

```
# grep "Eu gosto da distribuição \(suse\|conectiva\)" teste.
```

Mostra linhas contendo "Eu gosto da distribuilção suse" OU "Eu gosto da distribuição conectiva" do arquivo teste.

groupadd

Cria um novo grupo.

Exemplo:

```
# groupadd teste1
```

Cria um novo grupo com o nome teste1.

O arquivo que contém a relação dos grupos é o /etc/group.

groupdel

Exclui um grupo. Dica: Você não pode remover o grupo primário de um usuário, portanto, remova o usuário primeiro.

Exemplo:

```
# groupdel teste1
```

Exclui o grupo teste1.

groupmod

Altera um grupo existente.

Exemplos:

```
# groupmod -n novo antigo
```

Altera o nome do grupo antigo para novo.

```
# groupmod -g 513 professor
```

Altera o ID do grupo professor para o novo ID, 513.

groups

Mostra o(s) grupo(s) a que um ou mais usuários pertencem.

Exemplos:

```
# groups marco
```

Mostra o grupo que o usuário marco pertence.

Caso não seja especificado nenhum usuário, será apresentado o(s) grupo(s) do usuário que está executando o comando.

```
# groups marco thiago
```

Mostra os grupos que os usuários marco e thiago pertencem.

grpck

Verifica a integridade dos arquivos relacionados com grupo, que são o /etc/group e o /etc/gshadow.

Sintaxe: grpck

Exemplos:

```
# grpck
```

```
# grpck group
```

gunzip

Descompacta arquivos compactados pelo gzip.

Veja também: gzip

Opções:

-f:

Força a descompactação mesmo se o arquivo(s) já existir(em), ou seja, será substituído.

-l:

Lista o conteúdo do arquivo compactado.

-t:

Testa a integridade do arquivo compactado.

Exemplos:

```
# gunzip teste9
```

Descompacta o arquivo teste9.

```
# gunzip -f teste9
```

Descompacta o arquivo teste9.gz e caso já exista o arquivo teste9 o mesmo será substituído.

gzexe

Compacta um arquivo, tornando-o executável. Após a execução deste comando, como por exemplo, com o arquivo teste, o original terá o nome de teste~ e o compactado e executável terá o nome de teste.

Exemplos:

```
# gzexe teste
```

Compacta o arquivo teste.

```
# gzexe -d teste
```

Descompacta o arquivo teste.

gzip

Compacta um arquivo. A extensão do novo arquivo será .gz.

Veja também: gunzip

Sintaxe: gzip opção arquivo

Exemplos:

```
# gzip teste9
```

Compacta o arquivo teste9, colocando nele, a extensão .gz.

```
# gzip -f teste9
```

Compacta o arquivo teste9, colocando nele, a extensão .gz e caso já exista o arquivo teste9.gz o mesmo será substituído.

```
# gzip -l teste9.gz
```

Lista o conteúdo, ou informações, do arquivo compactado.

```
# gzip -t teste9.gz
```

Testa a integridade do arquivo compactado.

```
# gzip -d teste9
```

Descompacta o arquivo teste9. Faz a mesma função do comando gunzip.

```
# gzip -r /home/outro
```

Compacta todos os arquivos (individualmente) que estão no diretório /home/outro.

halt

Pára o sistema. Por default, isso é registrado no arquivo /var/log/wtmp.

Sintaxe: halt opção

Veja também: reboot, init e shutdown

Opções:

-d:

Não registra a parada no arquivo default.

-w:

Registra a parada no arquivo default, mas não pára.

-i:

Desliga as eth antes de parar.

head

Mostra as primeiras linhas de um arquivo. Por default, as primeiras 10.

Exemplos:

```
# head /etc/samba/smb.conf
```

Mostra as 10 primeiras linhas do arquivo especificado.

```
# head /etc/samba/smb.conf -n 12
```

Mostra as 12 primeiras linhas do arquivo especificado.

help

Exibe informações sobre um comando.

Sintaxes:

comando —help

help comando

comando -h

Exemplos:

```
# groups —help
```

Mostra o help do comando groups.

```
# help cd
```

Mostra o help do comando cd.

history

Lista os comandos que o usuário executou no console.

Sintaxe: history

Exemplos:

```
# history
```

Para apagar a listagem dos comandos, use a opção –c:

```
# history -c
```

Para localizar comandos específicos, use juntamente com o comando grep:

```
# history | grep ls
```

Dica:

Essa listagem do history, é mantida no arquivo .bash_history no diretório padrão de cada usuário.

A quantidade do histórico dos comandos digitados usando a shell Bash pode ser alterada, para isso, edite o arquivo ~/.bashrc. Este arquivo existe em cada diretório de cada usuário, inclusive do root.

Neste exemplo vamos editar o do root:

```
# mcedit /root/.bashrc
```

e inclua as seguintes linhas:

```
export HISTSIZE=1000
export HISTFILESIZE=1000
```

Com esta configuração, será armazenado no arquivo /root/.bash_history, num total de 1000 comandos. A variável HISTSIZE é responsável por isso e a HISTFILESIZE limita o número de linhas do arquivo.

hostname

Mostra o nome de host do sistema.

Exemplos:

```
# hostname
```

```
# hostname -d
```

Mostra o nome de domínio do host.

```
# hostname -i
```

Mostra o IP do host.

hwclock

Mostra e altera a data e hora do relógio do hardware.

Veja também: setclock e clock

Exemplo:

```
# hwclock
```

id

Identifica os UIDs e GIDs efetivos e reais.

Sintaxe: id opção usuário

Opções:

-g:

Mostra somente a identificação do grupo primário.

-G:

Mostra a identificação de outros grupos que pertence.

-n:

Mostra o nome do usuário e grupo ao invés da indentificação numérica.

-u:

Mostra apenas o número de identificação do usuário.

-r:

Mostra a identificação real de usuário e grupo, ao invés da efetiva. Esta opção deve ser usada junto com uma das opções: -u, -g, ou -G.

Dica:

O uso do comando id, sem parâmetros, faz com que o sistema informe o UID do usuário e o GID dos grupos dos quais o usuário é membro.

Exemplos:

```
# id

# id marco

# id -nG marco
```

if

Muito usado em scripts.

Sintaxe:

```
if  CONDIÇÃO
       then
          comandos
elif  CONDIÇÃO
          comandos
else
          comandos
fi
```

Um exemplo:

```
if  [  -e  /home/teste1  ]
    then
       echo  "O  arquivo  existe"
else
       echo  "O  arquivo  não  existe"
fi
```

Neste exemplo o if verifica se existe o arquivo /home/teste1 e caso sim retorna a mensagem "O arquivo existe", caso contrário retorna a mensagem "O arquivo não existe". Neste exemplo usamos a opção –e mas veremos mais adiante opções para serem usadas com arquivos e variáveis.

ifconfig

Apresenta o status e configura uma interface de rede.

Exemplos:

```
#  ifconfig
```

Mostra todas as interfaces de rede ativas.

```
#  ifconfig  eth0  192.168.0.39  netmask  255.255.255.0
```

Configura a eth0 com o IP e máscara especificados.

Dica:

Depois que muda o IP pelo ifconfig, muda-se apenas naquele momento, ou seja, fica somente na RAM, inclusive perde-se as rotas. Para fixar a mudança é necessário alterar o arquivo e reiniciar o serviço de rede.

```
# ifconfig eth0 down
```

Derruba a eth0.

```
# ifconfig eth0 up
```

Ativa a eth0.

ifdown

Derruba (desativa) uma interface de rede.

Exemplo:

```
# ifdown eth0
```

Derruba a interface eth0.

ifup

Levanta (ativa) uma interface de rede.

Exemplo:

```
# ifup eth0
```

Levanta a interface eth0.

info

Comando parecido com o man.

Sintaxe: info comando

init

Processo de controle da inicialização do sistema. O init é o principal de todos os processos, seria como que se estivesse no topo. Ele procura pelo arquivo /etc/inittab que descreve os processos a serem inicializados para o funcionamento do sistema.

Veja também: reboot, halt e shutdown

Exemplos:

```
# init 6
```

Reinicializa o micro.

```
# init 0
```

Desliga o micro.

```
# init 5
```

Inicia modo gráfico.

```
# init 3
```

Inicia modo texto.

insmod

Carrega módulos do kernel (na memória). Para leigos, vou falar que um módulo seria como, por exemplo, um driver de um dispositivo no Windows, como um driver de uma placa de vídeo.

Exemplo:

```
# insmod 8139too
```

Instala o módulo de rede rtl8139.

jobs

O comando jobs mostra os processos que estão parados ou rodando em segundo plano, ou seja, em background. Processos em segundo plano são iniciados usando o símbolo "&" no final da linha de comando ou através do comando bg, como por exemplo:

```
# comando1 &
# comando2 &
```

Veja também: bg e fg

kbd_mode

Mostra e altera o modo do teclado.

Sintaxe: kbd_mode opção

Opções:

-a:

Modo ASC II

-u:

Modo UFT-8 (unicode)

-k:

Modo código de tecla

-s:

Modo RAW (scancode)

-h:

Mostra o help do comando

Exemplos:

```
# kbd_mode
```

Mostra o modo atual.

```
# kbd_mode -a
```

Define para o modo ASC II.

kill

Termina um processo em andamento. Um processo poderia ser, mais comumente, um programa. Um processo é identificado pelo PID (Process Identification Number).

Veja também: ps e killall

Exemplos:

kill –l

Lista os nomes de sinal.

kill 1706

Apaga o processo, que neste caso, era somente um usuário que estava logado no terminal tty2.

ps aux | grep squid

Lista o processo que o squid está rodando. Com isso era necessário somente executar um kill nos processos do squid para finalizá-lo, por exemplo:

kill –9 2991

Força a parada (mata) do processo especificado.

killall

Apaga todos os processos em andamento com um nome em comum, sem a necessidade de saber o PID. Caso exista mais de um processo com o mesmo nome, os dois serão finalizados.

Veja também: ps e kill

Exemplos:

killall –l

Lista os nomes de sinal.

killall squid

Apaga o processo. Neste exemplo, estamos finalizando todo o processo do squid.

kudzu

Um aplicativo para detectar e configurar um novo periférico (hardware). Pode ser executado manualmente e até mesmo ser colocado na inicialização do Linux.

Sintaxe: kudzu

Exemplos:

kudzu

kudzu -q

Neste exemplo, com a opção –q, que executa a detecção e não abre a parte gráfica para as alterações. Esta opção é muito interessante para usar em scripts.

last

Exibe informações referentes de login e logout de usuários do sistema. Este histórico é baseado no arquivo /var/log/wtmp.

Opções:

-d:

Para listagem de logins remotos.

-a:

O host aparece na última coluna.

-n:

Número de colunas que deve aparecer.

-R:

Listagem resumida.

Exemplos:

last

Irá mostrar tudo, inclusive de todos os usuários.

last marco

Irá mostrar somente do usuário marco.

Caso queira apenas do tty1:

last tty1

Neste exemplo será apresentado apenas o(s) login(s) para o tty1.

last –R marco

Resumido do usuário marco.

lastb

De "last bad". Mostra a última tentativa de login mal sucedida. Por segurança, é interessante sempre estar analisando.

Exemplo:

lastb

Verifique se o arquivo /var/log/btmp existe, caso contrário crie e também verifique as permissões do mesmo.

lastlog

Mostra informações de logins.

Sintaxe: lastlog opção

Opções:

-u usuário:

Exibe informações do usuário especificado.

-t dias:

Exibe informações referentes aos últimos t dias. Esta opção anula a opção -u.

Exemplos:

lastlog -u marco

Mostra o dia e a hora que o usuário marco logou no sistema pela útima vez.

lastlog -t 3

Mostra os usuários que se logaram no sistema nos útimos 2 dias e informa o dia e a hora do útimo acesso de cada um deles.

Caso nenhuma opção seja colocada, ou seja, somente o lastlog, será exibido todas as informações armazenadas no arquivo /var/log/lastlog de todos os usuários do sistema.

less

Lista um arquivo texto, permitindo a rolagem (paginação).

Sintaxe: less opção arquivo

Exemplos:

less /var/log/messages

Lista o arquivo especificado, neste caso o /var/log/messages

less -N /var/log/messages

Lista o arquivo especificado e inclui números de linha.

less –e /var/log/messages

Lista o arquivo especificado e quando chegar ao final do mesmo o comando é finalizado. Caso não usasse esta opção (-e) é necessário teclar o "q" para sair.

less –S /var/log/messages

Lista o arquivo especificado e corta as linhas mais largas, ou seja, as linhas largas não serão passadas para a linha debaixo.

ln

Cria links entre arquivos assim como também entre arquivo e diretório. Para leigos, diria que um link seria o atalho no Windows.

Sintaxe: ln opção origem destino

Opções:

-b:

Faz cópia do arquivo que está sendo removido.

-s:

Links simbólicos.

-i:

Informa quando é necessário remover o arquivo de destino.

Primeiro vamos ver o que é link simbólico.

Vínculos simbólicos ou Links simbólicos funcionam como os conhecidos "atalhos" no Windows, são apenas ponteiros para um arquivo num outro local.

Os links são arquivos independentes, com apenas alguns bytes de tamanho, que podem ser renomeados ou movidos sem afetar os programas originais, ou seja, os arquivos que eles apontam.

Links simbólicos podem ser identificados, usando o comando ls -F. Então execute:

```
# ls -F /bin

# ls -l /bin/n*
```

Exemplo:

ln -s /bin/cp copia

Estando num diretório, no nosso exemplo, /home, criamos um link simbólico do comando cp com o copia.

locate

Efetua pesquisa, baseando-se num banco de dados de nomes de arquivos, chamado de locatedb. Esta base de dados é criada e atualizada pelo root através do comando updatedb e é armazenada em /var/lib ou /var/lib/slocate/slocate.db.

Veja também: updatedb

Exemplo:

locate nome_do_arquivo

logname

Mostra o nome do usuário.

Exemplo:

logname

logout

Faz o logout do usuário.

Exemplo:

logout

ls

Lista arquivos e diretórios. Caso não seja especificado nada, será listado o diretório corrente.

Opções:

-a:

Lista todos os arquivos do diretório, inclusive os arquivos ocultos.

-c:

Lista pela hora de modificação.

-d:

Lista somente o nome de diretórios.

-i:

Lista o número do índice (inode) de cada arquivo.

-l:

Lista em formato longo, incluindo permissões, número de entidades (se for diretório, mostra a quantidade de subdiretórios existentes dentro dele; se for arquivo, mostra o número de referências que apontam para o arquivo), dono, grupo, tamanho do arquivo, data e hora da última atualização e o nome do arquivo.

-m:

Listagem de arquivos e diretórios separados por vírgulas.

-o:

Listagem longa sem os donos dos arquivos.

-r:

Listagem em ordem reversa.

-F:

Adiciona um "/" no final dos nomes de diretórios, um "*" no final dos nomes de arquivos executáveis, um "@" no final dos nomes de links, etc.

-R:

Lista diretórios e subdiretórios recursivamente.

-S:

Classifica os arquivos por tamanho, iniciando pelo maior.

-s:

Lista os arquivos, sendo por tamanho em quilobytes.

—color:

Usa as cores definadas no arquivo /etc/DIR_COLORS.

Exemplos:

ls ??a*

Lista tudo, onde as 2 primerias letras não importa, mas a terceira deve ser a.

ls *.c

Lista todos os arquivos de extensão .c

ls ?c

Lista tudo que tenha 2 letras e a segunda seja c.

ls c*

Lista tudo que a primeira letra seja c.

ls ??a

Lista tudo que tenha três letras e a terceira seja ª

ls lo*

Lista tudo que comece com lo.

ls [a-c]*

Lista tudo que comece com a, b ou c.

ls –la

Listagem completa, inclusive ocultos.

ls /home/marco

Lista todos os arquivos do subdiretório /marco que se encontra no diretório /home.

ls /etc /var

Lista todos os arquivos e subdiretórios dos diretórios /etc e /var.

ls -i

Lista o inode de cada arquivo e subdiretórios.

ls -r

Listagem em ordem reversa primeiro somente a execução do “ls” e depois com a opção “-r”.

lsattr

Lista atributos de um arquivo/diretório. Caso seja especificado sem nenhuma opção, será listado os atributos de todos os arquivos e subdiretórios do diretório atual.

Sintaxe: lsattr [opção] [arquivos/diretórios]

Opções:

-a:

Lista todos os arquivos, incluindo ocultos.

-d:

Lista os atributos de diretórios ao invés de listar os arquivos que ele contém.

-R:

Faz a listagem em diretórios e subdiretórios.

-v:

Mostra versões dos arquivos.

Exemplos:

lsattr -a

lsattr -v

lsdev

Mostra informações sobre o hardware.

Exemplo:

lsdev

lsmod

De "list modules", traduzindo, lista módulos. Lista os módulos que estão carregados. Um módulo é como um driver de dispositivo, que provê suporte do kernel do sistema operacional para uma parte do hardware ou alguma característica.

Sintaxe: lsmod

lsof

Lista os arquivos abertos.

Exemplos:

lsof

Será listado tudo.

lsof /dev/tty1

Será listado os que estão em tty1.

lsof –i

Lista somente arquivos de rede.

lspci

Lista os periféricos. Veja o arquivo /etc/sysconfig/hwconf.

Exemplo:

lspci

lynx

Visualiza um arquivo html ou navega pela rede em modo texto. Embora o lynx possa ser conveniente ele não é tão bom quanto um browser gráfico, ele é leve, quase sempre funciona, e não requer nenhuma configuração desde que a rede esteja funcionando.

Sintaxe: lunx arquivo ou site

Exemplos:

lynx www.lcm.com.br

Acessa o site da Ciência Moderna.

lynx file.html

Visualiza um arquivo .html.

mailq

Lista os e-mails que ainda estão na fila de saída.

makewhatis

Este comando cria a base de dados whatis com informações sobre os comandos do sistema.

Veja também: apropos e whatis

man

Apresenta o manual de um comando especificado.

Sintaxe: man nome-do-comando

Exemplos:

```
# man sed

# man clear
```

Caso queira copiar o conteúdo do manual (man) de algum comando para um arquivo, ou seja, criar um arquivo com o conteúdo do manual, faça assim, man comando > arquivo, como por exemplo:

```
# man ls > arquivo_manual_do_ls.txt
```

mc

O Midnight Commander. É um navegador para o terminal, navegador não para Internet, mas sim para se navegar nos diretórios, assim como também, apagar, mover arquivos, etc. O mc também é um editor de textos, bom, resumindo, é um aplicativo para manipulação de arquivos e diretórios.

Exemplos:

```
# mc
```

Abre o navegador.

```
# mcedit nome-do-arquivo
```

Abre um arquivo.

mesg

Permite ou não o recebimento de mensagens no terminal, usando os comandos write e talk.

Sintaxe: mesg y ou n

Sendo que y permite o recebimento de mensagens e o n não permite.

Para saber a situação, se sim ou não, digite apenas o mesg.

Para desabilitar:

```
# mesg n
```

Agora está desabilitado.

mkdir

De "make directory". Cria diretórios.

Exemplos:

```
# mkdir teste
```

Neste exemplo foi criado o diretório teste.

Para criar uma árvore completa de diretórios, utilize com a flag "-p".

```
# mkdir -p /home/func/marco/docs/oficio/enviado/2005
```

Neste exemplo criamos todos os diretórios, desde o 2005 até o func, pois o home já existia.

mke2fs

Formata um segundo sistema estendido do Linux, usando o tipo ext2.

Exemplos:

\# mke2fs /dev/hda1

Formata o dispositivo /dev/hda1.

\# mke2fs /dev/fd0

Formata um disquete. Formatação de alto nível, diferente do comando fdformat que é de baixo nível.

mkefs

Cria um sistema de arquivos estendido. Esse comando não formata o novo sistema de arquivos, apenas deixa-o disponível para uso.

mkfs

Cria um sistema de arquivos no Linux, geralmente uma partição de disco rígido, semelhante a formatação de um HD no DOS.

Sintaxe: mkfs opção device blocos

Opções:

device:

Arquivo do dispositivo a ser formatado.

-c:

Verifica se existem bad blocks.

blocos:

A quantidade de blocos a ser utilizada pelo sistema de arquivos.

-t tipo:

Especifica o tipo de sistema de arquivos a ser criado.

Exemplo:

mkfs -t ext2 /dev/fd0 1440

Configura o disquete para o sistema de arquivos ext2. É aconselhável primeiro fazer uma formatação de baixo nível (fdformat) e depois usar o mkfs.

mkpasswd

O mkpasswd, quando executado sem nenhuma opção, retorna uma senha randômica que pode ser aplicada a um usuário.

Sintaxe: mkpasswd

ou

mkpasswd opção usuário

Opções:

-2:

A senha criada terá caracteres entre a mão direita e esquerda quando usar o teclado.

-c:

Quantidade mínima de letras minúsculas.

-C:

Quantidade mínima de letras maiúsculas.

-d:

Especifica o tamanho mínimo de dígitos.

-l:

Especifica o tamanho de caracteres.

Caso apareça uma mensagem parecida com essa:

```
mkpasswd: no DBM database on System - no action performed
```

Tente executar o comando no diretório /usr/bin/, e não do /usr/sbin/ , que é o default, então seria assim:

```
# /usr/bin/mkpasswd
```

Exemplos:

```
# mkpasswd -2
```

```
# mkpasswd -l 20
```

modprobe

Carrega módulos e verifica as dependências dos módulos. Os módulos disponíveis são determinados pela maneira como o seu Linux foi compilado. Os módulos que seu kernel suporta (com os quais ele foi compilado) são todos os arquivos que estão no diretório /lib/modules, incluindo os subdiretórios.

O modprobe lê o arquivo de dependências de módulos gerado pelo comando depmod, por isso, deve-se executá-lo (o depmod) para produzir um novo arquivo contendo as dependências de módulo. Após executá-lo, pode-se usar o modprobe para instalar qualquer módulo e ter os outros módulos dos quais ele depende automaticamente instalados.

Veja também: módulos

Opções:

-l:

(list)

-c:

(configuration)

-t:

(type)

-r:

(remove)

Exemplos:

modprobe –c

Lista informações de configuração.

modprobe –l

Lista todos os módulos.

modprobe module.o

Testa o módulo.

modprobe ne io=0x320 irq=5

Carrega o módulo de rede com as configurações especificadas.

modprobe apm

Carrega o módulo APM. Interessante colocar esta linha na inicialização do sistema.

Dica:

Numa instalação "crua" do Linux, usada principalmente para servidores, e caso a máquina possua fonte ATX, instale o pacote APM e carregue o módulo APM, se possível na inicialização do Linux.

more

Exibe um arquivo página a página (paginação). Depois de acionado o more, as teclas de controle, ou navegação são:

- Para sair digite q.
- <Ctrl> <F> para avançar.
- <Ctrl> <B> para voltar.
- <Enter> para avançar apenas uma linha.

Opções:

-d:

Mostra um menu no final da tela.

+num:

Mostra o arquivo a partir da linha num.

Exemplos:

more +5 /var/log/messages

Lista o arquivo especificado a partir da linha 5.

more /var/log/boot.log

Lista o arquivo.

more /proc/cpuinfo

Lista o arquivo especificado, que neste exemplo, são informações do processador.

more /proc/meminfo

Lista o arquivo especificado, que neste exemplo, são informações sobre a memória.

Podemos também utilizar comandos juntamente (o pipe |) com o more, para que seja feito o redirecionamento do comando, por exemplo:

```
# ls | more
```

mount

No Linux, o diretório raiz é representado como / e a partir daí estão organizados o restante, como uma árvore. O comando mount é usado para incluir o sistema de arquivos, de um dispositivo qualquer, nesta árvore de arquivos, ou seja, monta um sistema de arquivo.

Veja também: umount

Opções:

-a:

Monta todos os sistemas de arquivos especificados no arquivo /etc/fstab.

-r:

Monta a partição em modo read-only (somente leitura).

-t tipo:

Especifica o tipo de sistema de arquivo que será montado. Obs: os tipos de sistemas estão relacionados no ítem "Arquivos", no arquivo /etc/fstab.

-v:

Lista o sistema de arquivo de cada dispositivo montado.

-w:

Monta a partição para read/write (leitura/gravação) que é o padrão.

Dicas:

O arquivo /etc/mtab possui a lista de todos os sistemas de arquivos atualmente montados no Linux.

O comando mount, sem nenhuma opção, faz o sistema listar o conteúdo do arquivo /etc/mtab.

Exemplos:

mkdir /win98

mount -f vfat /dev/hdc1 /win98

Crio o diretório win98 e depois faço a montagem.

mount -t auto /dev/fd0 /mnt/floppy

Monta o drive de disquete, sendo que o diretório /mnt/floppy deve existir, estar vazio e não ser seu diretório corrente.

mount -t auto /dev/cdrom /mnt/cdrom

Monta o CD-ROM. Assim como no anterior, o diretório /mnt/cdrom deve existir, estar vazio e não ser seu diretório corrente.

mount /mnt/floppy

Monta um disquete como usuário. O arquivo /etc/fstab precisa ser configurado para permitir isto. O diretório /mnt/floppy não deve ser seu diretório corrente.

mount /mnt/cdrom

Monta um CD como usuário. O arquivo /etc/fstab precisa estar configurado para permitir isto. O diretório /mnt/cdrom não deve ser seu diretório corrente.

mkdir /mnt/disco

mount –t ext3 /dev/hda2 /mnt/disco

Cria o diretório /mnt/disco e depois monta-o em /dev/hda2.

mv

Move ou renomeia arquivos.

Sintaxe:

mv arquivo_origem arquivo_destino

ou

mv arquivo_antigo arquivo_novo

Opções:

-b:

Faz back-up se o arquivo de destino já existir.

-f:

Caso o arquivo de destino já exista, o mesmo será sobrescrito, sem pedir confirmação.

-i:

Caso o arquivo de destino já exista, será solicitado uma confirmação.

-u:

Atualiza se o arquivo for mais antigo.

Exemplos:

mv carta1 carta2

Renomeia o arquivo carta1 para carta2.

mv carta1 /home/marco/

Move o arquivo carta1 do diretório local para o diretório /home/marco.

mv carta* /home/marco/

Move todos os arquivo que começam com carta do diretório local para o diretório /home/marco.

nice

Altera a prioridade de um programa que está rodando, ou melhor, um processo. Esta prioridade é alterada em números, que vai de –20 a 19. Quanto menor o número, maior a prioridade. Este número, ou melhor, a prioridade default dos processos é 0.

Sintaxe: nice comando

Exemplos:

nice -7 comando

O "comando" será executado com prioridade 7.

nice —5 comando

O "comando" será executado com prioridade -5.

Dicas:

Use o comando top para mostrar as prioridades dos processos em execução.

Quando o valor de ajuste da prioridade não é definido junto com o comando nice, o sistema assume o valor de ajuste igual a 10.

Para alterar a prioridade de um processo que está em execução, use o comando renice.

netstat

Apresenta status da rede.

Exemplo:

netstat

netstat –c

Apresenta uma listagem contínua.

netstat –i

Apresenta uma listagem das interfaces.

netstat –r

Apresenta uma listagem da tabela de roteamento.

netstat –s

Apresenta uma listagem das estastísticas da rede.

nl

Visualiza conteúdo de arquivos com numeração de linhas.

Sintaxe: nl opção arquivo

Exemplos:

nl teste2

Lista o conteúdo do arquivo teste2, numerando as linhas, inclusive com espações em branco.

nl –i 10 teste2

Lista o conteúdo do arquivo teste2, numerando as linhas com contador 10 (opção –i), ou melhor, incrementando de 10 em 10, inclusive com espações em branco.

nl –v 10 teste2

Lista o conteúdo do arquivo teste2, numerando as linhas e iniciando a partir do 10 (opção –v), e não da linha 10, inclusive com espações em branco.

nl -i 10 -v 100 teste2

Lista o conteúdo do arquivo teste2, numerando as linhas e iniciando a partir do 100 (opção –v), e não da linha 100, com incremento de 10 (opção –i), inclusive com espações em branco.

nmap

De "Network Mapper". O NMAP é uma ferramenta para exploração de rede e segurança. Mostra a relação de máquinas de uma rede e suas portas (serviços) abertas.

É uma ótima ferramenta para administradores, para descobrir portas abertas em seu sistema, e possivelmente acusar alguma vulnerabilidade no mesmo. Bom, além de administradores, também é muito utilizado por hackers. O site do nmap é http://www.insecure.org/nmap/, inclusive para download.

Exemplos:

```
# nmap -sP 192.168.0.98
```

Ping scan. Verifica, além de outros itens (MAC, tempo de escaneamento, etc), se o host está no ar.

```
# nmap -sR 192.168.0.98
```

RCP scan. Verifica portas TCP e UDP.

```
# nmap -sS 192.168.0.98
```

TCP SYN scan, envia pacote SYN e aguarda uma resposta, difícel de ser detectado.

```
# nmap -sT 192.168.0.98
```

TCP connect() scan, envia um sinal para as portas ativas, fácil de ser detectado.

```
# nmap -sU 192.168.0.98
```

UDP scan, envia pacote UDP para cada porta e mostra as abertas (UDP).

```
# nmap -sV 192.168.0.98
```

Version detection. Mostra quais serviços e portas estão rodando no momento.

-sF, -sX, -sN

  Stealth FIN, Xmas Tree ou Null. Utiliza métodos avançados devido aos firewalls.

nmap –F 192.168.0.98

  Procura somente pelas portas que estão em /etc/services

nmap –n 192.168.0.98

Não resolve nome do host escaneado.

nmap –O 192.168.0.98

Escaneia o host e apresenta a versão do sistema operacional.

nmap –p 1-1024 192.168.0.98

Especifica quais portas devem ser verificadas e será mostrado, se houver, as portas abertas.

Podendo ser ainda assim:

nmap –p 25-80,110 192.168.0.98

Será verificado as portas de 25 a 80 e a porta 110.

nmap –P0 192.168.0.98

(depois da letra P é o zero)

Não tenta pingar o IP do host antes de iniciar a verificação.

nmap –PS80 192.168.0.98

ou

nmap –PS23 192.168.0.98

Usa pacotes SYN para determinar se o host está ativo.

nmap –PT80 192.168.0.98

ou

nmap –PT23 192.168.0.98

Usa TCP ping para determinar se o host está ativo.

nmap –R 192.168.0.1

Resolver o nome do host verificado.

nmap –r 192.168.0.98

Faz verificação nas portas aleatoriamente.

nmap –v 192.168.0.98

Escaneia todas as portas TCP reservadas.

nmap –sX –p 22,53,110,143 192.168.0.1

Faz uma verificação Xmas Tree no IP 192.168.0.1, além de varrer somente os serviços de sshd, Dns, pop3d e imapd.

nmap –sS –O 192.168.0.0/24

Faz uma varredura TCP Syn em todas as máquinas que estão ativas. Mostra o sistema operacional de cada máquina.

nmap -sTUR -O -v -p 1-65535 -P0 192.168.0.98

Scan type utilizando os protocolos TCP, UDP e RPC, a opção –O para tentar identificar o sistema operacional, as portas escaneadas serão de 1 a 65535 e por último, em modo verbose (-v).

nslookup

Faz uma consulta ao DNS, o servidor padrão de nomes, por nome ou endereço IP.

Exemplo:

```
#  nslookup  nome_do_host
```

od

Visualiza arquivo binário em base octal.

Para o help digite:

```
# od –help
```

Operadores

Alguns operadores. Muito usados em scripts.

Aritméticos

+ Adição; - Subtração; * Multiplicação; / Divisão; % Módulo; ** Exponenciação.

Relacionais

== Igual; != Diferente; > Maior; >= Maior ou Igual; < Menor; <= Menor ou Igual.

Atribuição

= Atribui valor a uma variável; += Incrementa a variável por uma constante; -= Decrementa a variável por uma constante; *= Multiplica a variável por uma constante; /= Divide a variável por uma constante; %= Resto da divisão por uma constante; ++ Incrementa em 1 o valor da variável; — Decrementa em 1 o valor da variável.

de BIT

<< Deslocamento à esquerda; >> Deslocamento à direita; & E de bit (AND); | OU de bit (OR); ^ OU exclusivo de bit (XOR); ~ Negação de bit; ! NÃO de bit (NOT).

de BIT (atribuição)

<<= Deslocamento à esquerda>>= Deslocamento à direita&= E de bit|= OU de bit^= OU exclusivo de bit.

Lógicos

&& E lógico (AND); || OU lógico (OR).

parted

Utilitário para uso de particionamento.

Exemplo:

```
# parted /dev/hda
```

passwd

Muda a senha do usuário, assim como também cria uma nova. O administrador, para fins de segurança, deve atentar ao tamanho das senhas quando da sua criação.

Um usuário somente pode alterar a senha de sua conta, mas o root pode alterar a senha de qualquer conta de usuário, inclusive a data de validade da conta, etc.

Exemplos:

passwd

Muda a senha do usuário corrente.

passwd marco

O root mudando a senha do usuário marco.

passwd –d usuário

Apaga a senha, deixando-a em branco.

A opção **-u** é usada para indicar que a atualização só é efetuada após a data de expiração da senha atual.

Dicas:

O sistema não aceita que sejam criadas senhas muito simples, recomenda-se sempre que misture letras e números para criar sua senha, e se possível misturar também letras maiúsculas e minúsculas.

Abaixo, comandos em conjunto que cria o usuário marco e já define uma senha (qwerty) para o mesmo:

```
# adduser marco
# echo qwerty | passwd marco – stdin
```

paste

Coloca o conteúdo de dois arquivos lado a lado, ou melhor, anexa colunas de um arquivo texto.

ping

Um comando tão usado e tão necessário que é até estranho escrever sobre ele ! Mas vamos lá, o ping vê a comunicação entre a sua máquina e uma outra, ou seja, envia pacotes de solicitação para uma host e aguarda o retorno, como se fosse um "ping" e o retorno, o "pong".

Sintaxe: ping IP

Exemplo:

```
# ping 192.168.0.98

# ping www.lunardi.eti.br
```

Pinga no endereço especificado.

Caso o arquivo /etc/hosts tenha os nomes e IP, também posso pingar no nome.

```
# ping firewall
```

poweroff

Desliga o computador.

Exemplo:

poweroff

O poweroff na verdade é um link.

pr

Formata arquivos de texto para serem exibidos na tela, como o comando more, e também a impressão do mesmo. O pr faz uma paginação e quando da exibição coloca a data, hora e número da página no topo.

O comando pr também pode ser utilizado em conjunto com outros.

Sintaxe: pr opção arquivo

Opções:

-d:

Saída com espaçamento duplo.

-h:

Define um cabeçalho para as páginas de impressão.

-t:

Não mostra nenhum tipo de cabeçalho.

-a:

Exibe colunas no sentido horizontal.

-w valor:

Formata a largura da página com o valor especificado.

printenv

Mostra uma lista do conteúdo do ambiente shell do usuário, ou seja, será listado uma coluna, sendo a do lado esquerdo, o nome da variável e a do lado direito o seu valor.

Sintaxe: printenv variável

Veja também: env

ps

De "print status" ou "process status". Mostra a lista de processos em execução com seus números de identificação (PIDs).

Sintaxe: ps opção

Opções:

-a:

Processos de todos os usuários.

-e:

Variáveis de ambiente no momento da inicialização do processo.

-f:

Em árvore de execução de comandos (hierarquia de processos), interessante para ver os processos originários de outros.

-x:

Os processos que não foram iniciados no console, ou seja, sem controle de terminal.

-u:

Fornece o nome do usuário e a hora de início do processo.

-l:

Em formato longo.

-r:

Apenas os processos em execução.

Exemplos:

ps

Mostra os processos do usuário corrente.

ps –a

Mostra os processos de todos os usuários, além do corrente.

ps -aux

A sintaxe mais utilizada, exibe as informações sobre todos os processos que estão sendo executados no sistema.

pstree

Exibe os processos em hierarquia, ou melhor, numa árvove.

Exemplo:

```
# pstree
```

pwck

Faz uma verificação no arquivo de senhas do sistema. Verificação de erros, problemas, duplicações, etc.

Sintaxe: pwck

Exemplos:

```
# pwck
```

É interessante que se execute este comando com uma opção (-r) para que seja feito em modo read-only, ou seja, apenas uma verificação e caso exista uma alteração, não será feita.

```
# pwck -r
```

pwd

Mostra o diretório corrente.

Sintaxe: pwd

quota

Fornece informações sobre o sistema de cotas de utilização de discos.

Sintaxe: quota opção nome

Opções:

-u nome_usuário:

Informações sobre a cota do usuário.

-g nome_grupo:

Informações sobre a cota do grupo do qual o usuário é membro.

Exemplo:

quot,5arco

Exibe informações sobre a cota do usuário marco.

Veja também: cotas, quotaoff, quotaon e quotacheck.

quotacheck

Verifica a utilização de cotas por usuário ou por grupo.

Veja também: cotas, quotaoff, quotaon e quota.

quotaoff

Desativa o sistema de cotas.

Sintaxe: quotaoff opção sistema

Opções:

-a:

Desativa as cotas de todos os sistemas definidos no /etc/fstab.

-u:

Desativa as cotas de usuários.

-g:

Desativa as cotas dos grupos.

Exemplo:

quotaoff /dev/hda2

Desativa o sistema de cotas do /dev/hda2.

Veja também: cotas, quota, quotaon e quotacheck.

quotaon

Ativa o sistema de cotas.

Sintaxe: quotaon opção sistema

Opções:

-a:

Ativa as cotas de todos os sistemas de arquivos definidos no /etc/fstab.

-u:

Ativa as cotas de usuários.

-g:

Ativa as cotas dos grupos.

Exemplo:

quotaon /dev/hda2

Ativa o sistema de cotas do /dev/hda2, conforme definido em /etc/fstab.

Veja também: cotas, quota, quotaoff e quotacheck.

rdate

Mostra a hora de uma máquina (host) da rede.

Sintaxe: rdate host

reboot

Reinicia o computador. Sendo que o mais indicado é o comando shutdown. Seria o mesmo que pressionar as teclas CTRL ALT DEL.

Dentro do arquivo /etc/inittab contém a linha onde podemos habilitar ou desabilitar a função das teclas acima, além de outros.

Exemplo:

```
# reboot
```

Veja também: shutdown e init

redirecionadores de E/S

Faz redirecionamentos e tem os seguintes operadores:

- `>` redireciona para saída.
- `>>` redireciona para fim de arquivo.
- `<` redireciona para a entrada.
- `<<` redireciona para a entrada e mantém a entrada aberta até que seja digitado algum caracter de EOF, como por exemplo, CTRL+D.
- `>&` redireciona a saída de erros.
- `|` redireciona a saída de um comando para a entrada de um outro comando.
- `tee` redireciona o resultado para a saída padrão e para um arquivo, deve ser usado em conjunto com o "|"

Exemplos:

```
# cat < prova.txt
```

Recebe como entrada o arquivo prova.txt e exibe seu conteúdo.

```
# cat aula1.txt aula2.txt > prova.txt
```

Aqui não vou explicar sobre o comando cat, e sim se o arquivo prova.txt não exista, ele será criado e caso ele exista, todo o conteúdo será sobreposto.

```
# cat prova.txt >> provafinal.txt
```

Insere o conteúdo do arquivo prova.txt no final do arquivo provafinal.txt e caso o último não exista, ele será criado.

```
# ls –la /etc >& lista
```

Lista o conteúdo do diretório /etc para o arquivo lista.

rename

Alterar a extensão de diversos arquivos.

Exemplo:

No diretório /home/marco, temos 4 arquivos com extensão .htm.

Vamor renomear todos, digite:

```
# rename .htm .html *.htm
```

O comando acima irá substituir todos os arquivos terminados em .htm por .html.

renice

Altera a prioridade de um processo em execução. Exceto o root, os outros usuários só podem alterar, ou melhor, diminuir a prioridade de processos dos quais lhe pertencem. Por default, a prioridade dos processos é 0, mas um processo pode variar de –20, maior prioridade, a 19, menor prioridade.

Veja também: top, processo e nice

Opções:

-p pid:

Altera a prioridade do processo do pid especificado.

-g gid:

Altera a prioridade de todos os processos que possuem o gid especificado.

-u usuário:

Altera a prioridade dos os processos do usuário especificado.

Exemplo:

renice -18 PID

Altera a prioridade de um processo em execução para -18.

rev

Inverte as linhas de um arquivo.

Sintaxe: rev arquivo

Exemplo:

Veja o conteúdo do arquivo teste1:

```
12345
marco
```

Execuntando:

```
# rev teste1
```

Irá aparecer:

```
54321
ocram
```

O retorno deste comando foi para a tela, mas poderia enviar para um arquivo, por exemplo:

```
# rev teste1 > teste2
```

rgrep

Faz pesquisa de uma string em arquivos de um diretório.

Exemplos:

rgrep 'prova'

Pesquisará a palavra prova em todos os arquivos que estejam no diretório corrente.

rgrep -r 'prova'

Pesquisará a palavra prova em todos os arquivos que estejam no diretório corrente e, com a opção –r, também nos subdiretórios.

rm

Remove (apaga) arquivos, assim como também diretórios.

Sintaxe: rm /diretório/nome-do-arquivo

Exemplos:

rm –r /home/marco

Apaga o diretório /marco.

rm /home/teste/teste.htm

Neste exemplo será removido o arquivo teste.htm.

rm –f /home/teste/teste.htm

Será removido o arquivo teste.htm sem solicitar confirmação (opção –f) e no próximo exemplo, todos que tiverem a extensão txt.

```
# rm -f *.txt
```

rm -rf /log-squid

Apaga o diretório log-squid, sem pedir confirmação (-f) e caso existam sub-diretórios ou arquivos, também serão apagados (-r).

rmdir

Apaga diretórios vazios, também vale a pena lembrar que, deve-se ter permissão para isso. Para apagar diretórios com conteúdo (arquivos e subdiretórios), use o comando rm com a opção –r, conforme exemplos abaixo.

Sintaxe: rmdir diretório

Veja também: mkdir e rm

Exemplos:

rmdir /home/teste3

Apaga o diretório /teste3.

rm -r /home/teste2

Neste exemplo o diretório /teste2 que tinha arquivos foi apagado, também foi solicitado a confirmação para apagar. Para excluir sem solicitar confirmação, use a opção -f. O mesmo exemplo:

rm -rf /home/teste2

Neste exemplo o diretório /teste2 que tinha arquivos foi apagado sem solicitar confirmação.

rmmod

Remove um módulo do kernel, ou melhor, um módulo carregado na memória.

Veja também: lsmod

Sintaxe: rmmod opção módulo

Opções:

-s:

Grava um log, no arquivo syslog.

-a:

Remove módulos que não estão em uso.

route

Mostra a tabela de roteamento, assim como também, insere, altera e exclui.

Opções: -n GW add del

Exemplos:

route -n

Mostra a tabela de roteamento.

route add –net 192.168.27.0 netmask 255.255.255.0 dev eth0

Inclui uma rota na interface especificada.

route add default gw 192.168.1.35

Insere uma rota default. Gw de gateway.

route del default gw 192.168.1.53

Exclui uma rota default especificada.

rpm

De "Redhat Package Manager", ou gerenciador de pacotes Red Hat. Um gerenciador de pacotes, muito conhecido, original da distribuição Red Hat. Veja alguns sites sobre gerenciador de pacotes:

www.rpmfind.net

www.rpm.org

Acho que este comando daria um capítulo, mas vou tentar resumir com o que é mais usado.

Sintaxe: rpm opção pacote

Algumas opções:

-i:

Instala

-h:

Mostra o progresso da instalação

-U:

Atualiza (update)

-e:

Remove (erase)

-q:

Consulta (query)

-V:

Verifica

—nodeps:

Não verifica dependências

—force:

Força a instalação

Exemplos:

rpm -q apache

rpm -q squid

Verifica se o pacote especificado está instalado. Esta opção é utilizada principalmente para saber a versão do pacote instalado. Neste exemplo é verificado se o apache e squid estão instalados.

rpm -qa

Lista o que está instalado. A opção a seria de all, ou seja, todos.

rpm -qa | sort | less

Lista o que está instalado, em ordem alfabética, permitindo a rolagem da lista na tela.

rpm -qa | grep iptaples

Lista todos os arquivos que correspondem ao iptables.

rpm -e squid

Desinstala o pacote do squid.

rpm -qi iptables

Mostra informações, com detalhes, referente ao pacote iptables.

rpm -ivh nome-do-pacote.rpm

Instala o pacote especificado. Esta combinação é a mais utilizada. Vale lembrar de não esquecer de colocar o caminho completo do(s) pacote(s), por exemplo:

```
# rpm -ivh /home/marco/pacotes/squidxxxxxxxxxxxx.rpm

# rpm -i /home/marco/pacotes/squidxxxxxxxxxxxx.rpm
```

Somente com a opção –i não será mostrado nada e esta maneira é muito utlizado em scripts quando é mandado instalar um pacote e não queremos que apareça algo na tela.

rpm -Uvh nome-do-pacote.rpm

Atualiza o pacote especificado, que no caso ele já está instalado.

rpm -Va

Faz uma verificação em todos os pacotes instalados no sistema.

Abaixo uma lista das opções, ou melhor, da legenda, que é exibido:

.	Teste executado
c	Este é um arquivo de configuração
5	checksum MD5 falhou
S	O tamanho do arquivo é diferente
L	Link simbólico foi modificado
T	Hora de modificação do arquivo foi alterada
D	Arquivo de dispositivo está modificado
U	o Usuário que possui o arquivo foi alterado
G	O Grupo que possui o arquivo foi alterado
M	As permissões e/ou tipo de arquivo foram modificados

Com a opção –f, de file, ajuda a descobrir em qual pacote pertence, por exemplo, o arquivo cron.d, poderíamos então usar o comando:

```
# rpm -qf /etc/cron.d
```

Para listar os arquivos, inclusive os diretórios, que fazem parte de um pacote, por exemplo, o gpm, use:

```
# rpm -ql gpm
```

Dicas:

Quando houver dependências, tente instalar primeiro o que está sendo solicitado, um pacote, biblioteca, etc.

Caso já tenha todos os pacotes, instale-os juntos, como por exemplo:

```
# rpm -i /home/marco/pacote1.rpm /home/marco/
pacote2.rpm
```

rsh

De "remote shell". Faz uma conexão a uma máquina remota usando o login e a senha da sessão corrente.

Sintaxe: rsh host

Exemplos:

\# rsh 192.168.0.1

Inicia uma conexão com o host especificado.

\# rsh –l marco 192.168.0.1

Inicia uma conexão com o host especificado, sendo o usuário marco.

runlevel

Mostra os níveis de execução anterior e corrente. Runlevel é o modo de operação do Linux e o padrão está definido no arquivo /etc/inittab.

Sintaxe: runlevel

rusers

Mostra os hosts conectados na rede.

scp

De "secure copy". Faz cópia segura de arquivos entre máquinas, usando a conexão ssh. O scp é muito usado, principalmente, em casos de back-up.

Sintaxe: scp origem destino

Os parâmetros de origem e destino são semelhantes ao do comando cp mas possui um formato especial quando é especificado uma máquina remota:

- Um caminho padrão - Quando for especificado um arquivo local. Por exemplo: /home/marco/arquivo.txt.
- usuario@host_remoto:/diretório/arquivo - Quando desejar copiar o arquivo de/para um servidor remoto usando sua conta de usuário.

Exemplo:

Vamos copiar o arquivo teste1 que está em /home para o micro 192.168.0.1 para /home com o nome de teste1, então digitamos:

```
# scp /home/teste 192.168.0.1:/home/teste1
```

scripts

Shell script é uma linguagem de programação de scripts do Linux. É bastante útil para nós que somos administradores de redes, principalmente para facilitar a realização de inúmeras tarefas administrativas no Linux, ou até mesmo criar pequenos programas. Uma facilidade que torna a programação ainda mais eficiente e fácil de se entender são as funções. O básico do shell script começa com #!/bin/bash dentro de um arquivo que pode ter a extensão que desejar, desde que no início do arquivo contenha o caminho para o interpretador. De uma maneira bem resumida, um script é um arquivo de lote, contendo comandos do Linux, que são interpretados pelo Shell.

Os scripts não precisam ser compilados, bastando apenas criar um arquivo texto e inserir os comandos desejados.

Os shell mais conhecidos:

SH (Bourne Shell):

Shell original do Unix, porém com recursos muito limitados.

CSH (C Shell):

Shell desenvolvido para permitir um conjunto de comandos e ambientes de script derivado da linguagem C.

KSH (korn Shell):

O primeiro shell a introduzir recursos avançados, sendo considerado o mais popular em sistemas Unix.

BASH (Bourne Again Shell):

Shell padrão em distribuições Linux, uma implementação do SH, com recursos avançados, tais como: edição de linha de comando, histórico de comandos e término de nomes de arquivos e/ou diretórios.

Para verificar o shell atual, digite:

```
# echo $SHELL
```

Deverá retornar algo parecido com: /bin/bash

Neste caso, o shell usado é o Bash.

Para os arquivos, de scripts, a extensão não importa, mas a primeira linha deve começar por:

```
#!/bin/bash
```

Para que o arquivo seja executável, ainda é necessário dar permissão ao mesmo e isso é feito com o comando chmod. Por exemplo:

```
# chmod +x teste99
```

ou

```
# chmod 700 teste99
```

ou

```
# chmod 770 teste99
```

Bom, isso vai depender de como serão as permissões do arquivo, ou melhor, quem poderá executar o arquivo.

Exemplo de um script:

```
#!/bin/bash
# este é um exemplo de arquivo, aqui coloco comentários
cp /home/teste /home/teste2
```

Na primeira linha do script, o SHELL a ser utilizado, depois temos uma linha de cometário, seguido de uma linha de comando. A partir daí é possível colocar os comandos que são utilizados no prompt do Linux, incluindo os parâmetros como if, while e outros. Utilize o # para inserir linhas de comentário.

Para executar um script, é necessário o uso do (./) antes do nome do arquivo e deve estar no mesmo diretório onde está o arquivo. Exemplo:

Tenho o arquivo teste99, contendo:

```
#!/bin/bash
clear
ls
```

Para executá-lo, é necessário estar no mesmo diretório e digitar assim:

```
# ./teste99
```

Ou também posso colocar o arquivo no diretório /sbin e dessa maneira é possível executar o arquivo em qualquer diretório, sem a necessidade de colocar o ./ antes do nome, simplesmente eu digitaria:

```
# teste99
```

Um exemplo:

```
#!/bin/bash

echo "1. Incluir"
echo "2. Excluir"
echo "3. Consultar"
echo
echo -n "Selecione a opção: "
read resp
```

O retorno da execução deste arquivo seria:

1. Incluir
2. Excluir
3. Consultar

Selecione a opção:

Com a opção –n, o cursor ficaria logo após o ":".

Podemos usar muitos (variados) comandos dentro de um script e não esquecendo os de controle , que são: if, case, for, while e until. E para eles ainda temos algumas opções:

Opções para o '[ ]'

Testes em arquivos

-b

É um dispositivo de bloco.

-c

É um dispositivo de caractere

-d

É um diretório.

-e

O arquivo existe.

-f

É um arquivo normal.

-g

O bit SGID está ativado.

-G

O grupo do arquivo é o do usuário atual.

-k

O sticky-bit está ativado.

-L

O arquivo é um link simbólico.

-O

O dono do arquivo é o usuário atual.

-p

O arquivo é um named pipe.

-r

É arquivo tem permissão de leitura.

-s

O tamanho do arquivo é maior que zero.

-S

O arquivo é um socket.

-t

O descritor de arquivos N é um terminal.

-u

O bit SUID está ativado.

-w

O arquivo tem permissão de escrita.

-x

É arquivo tem permissão de execução.

-nt

O arquivo é mais recente.

-ot

O arquivo é mais antigo.

-ef

O arquivo é o mesmo.

Testes em variáveis - Comparação Numérica

-lt

É menor que.

-gt

É maior que.

-le

É menor igual.

-ge

É maior igual.

-eq

É igual.

-ne

É diferente.

Testes em variáveis - Comparaçao de Strings

=

É igual.

!=

É diferente.

-n

Não é nula.

-z

É nula.

Testes em variáveis - Operadores Lógicos

!

NÃO lógico (NOT)

-a

E lógico (AND)

-o

OU lógico (OR)

Exemplos com opções [ ]:

```
if [ -e /home/teste1 ]
   then
      echo "O arquivo existe"
else
      echo "O arquivo não existe"
fi

if [ ! -d /home/sistema ] ; then
      echo "O diretório não existe"
      mkdir /home/sistema
else
      echo "O diretório já existe"
fi

if [ -s /home/teste1 ]
   then
      echo "O arquivo é maior que 0"
else
      echo "O arquivo é igual a 0"
fi


if [ -e /home/teste1 ]
   then
        if [ -s /home/teste1 ]
          then
               echo "O arquivo existe e é maior que 0"
```

```
        else
                echo "O arquivo existe e é igual a 0"
        fi
else
     echo "O arquivo não existe"
fi
```

sed

O comando sed lê da entrada padrão, sendo uma linha por vez e para cada linha, é executado uma série de comandos de edição e então a linha é escrita na saída padrão, podendo ser na tela ou num arquivo. Seria possível escrever um capítulo somente para o comando sed, mas vou tentar resumir e expor o mais importante.

Para começar a ficar mais claro, um exemplo, antes a sintaxe:

```
# sed s/será_substituído/nova_substituição/g arquivo_original > arquivo_novo
```

O comando:

```
# sed s/claro/escuro/g teste1 > teste2
```

Neste comando, todas as palavras "claro" do arquivo teste1 foram trocadas por "escuro", sendo esta alteração executada somente no arquivo teste2, ou seja, nada foi modificado no arquivo teste1.

Agora vamos a outros exemplos:

```
# sed -i "s/escuro/claro/g" teste2
```

Neste exemplo estaremos alterando as palavras "escuro" para "claro" do arquivo teste2, mas diferente do exemplo anterior, iremos fazer as alterações no próprio arquivo, isso possível com a opção –i.

```
# sed -i.bak "s/claro/amarelo/g" teste2
```

Neste exemplo estaremos alterando as palavras "claro" para "amarelo" do arquivo teste2. O arquivo teste2 será alterado e também será criado um arquivo, o teste2.bak, com o conteúdo antigo, ou seja, um back-up, isso com a opção –i.bak.

```
# sed -i 1d teste1
```

Com isso a primeira linha foi apagada (opção 1d) e no próprio arquivo (opção –i).

Ainda é possível fazer a exclusão da linha sem ser no próprio arquivo e sim, num outro, como por exemplo:

```
# sed 1d teste1 > teste2
```

Para eliminar a terceira linha:

```
# sed -i 3d teste1
```

Para eliminar uma faixa de linhas, por exemplo, da 2ª até a 4ª:

```
# sed -e "2,4d" teste1 > teste2
```

E para apagar as mesmas linhas no mesmo arquivo:

```
# sed -i "2,4d" teste1
```

Já vimos como fazer a troca, ou melhor, a alteração de palavras, mas para trocar caracteres especiais, é necessário acrescentar uma barra (\ ) antes do caracter especial, por exemplo, pra alterar todos os pontos(.) por asterísticos (*):

```
# sed -e "s/\./*/g" teste1 > teste2
```

Neste outro exemplo, quando a linha /etc/internet é achada, a mesma é apagada e depois é inserida uma nova linha com /etc/firewall.sh, tudo isso no arquivo /etc/rc.d/rc.local, conforme o comando:

```
# sed -i "/\/etc\/internet/ s/^.*$/\/etc\/firewall.sh/" /
etc/rc/d/rc.local
```

Agora vamos ver o processo por partes:

- –i – faz as alterações no próprio arquivo.
- /\/etc\/internet/ – será apenas localizado a expressão /etc/internet e perceba que foi usado uma barra (\ ) antes dos caracteres especiais, ou seja, as duas barras (/ /). Para o melhor entendimento, primeiro a nossa expressão deve estar entre as barras / /, ou seja /minha_expressão/ e como a expressão /etc/internet contem como caracter especial, as duas barras, por isso devemos usar a outra barra antes dos caracteres especiais e portanto ficando assim /\/etc\/internet/
- s – a opção do sed que serve para fazer substituição.
- /^.*$/ – toda a linha que foi achada anteriormente será apagada.
- /\/etc\/firewall.sh/ – o que será inserido na linha que foi apagada e perceba que a primeira barra deste item é a última do item anterior.
- /etc/rc/d/rc.local – e por último, o arquivo que será modificado.

Para melhorar o entendimento do exemplo anterior, um outro parecido, sendo que neste, será localizado no arquivo pppoe.conf a linha onde começa com a expressão /ETH= e quando achado, toda a linha será apagada e na mesma será inserido ETH=$VARIAVEL, conforme o comando:

```
# sed -i "/ETH=/ s/^.*$/ETH=$VARIAVEL/" > pppoe.conf
```

Neste próximo exemplo, usando o arquivo /etc/apache/configura.conf, será listado todas as linhas que não comecem com o caracter # e as mesmas serão direcionadas (o pipe) para o comando sed que neste caso não irá exibir as linhas em branco:

```
# grep -v ^# /etc/apache/configura.conf | sed -e '/^$/d'
```

Remove comentários e linhas em branco do arquivo teste9:

```
# sed '/ *#/d; /^ *$/d' teste9
```

Substitui EU por VOCE do arquivo teste8 no arquivo teste10:

```
# sed 's/EU/VOCE/g' teste8 > teste10
```

Transforma arquivos DOS para Unix, ou melhor, aqueles arquivos que as linhas terminam com ^M, neste exemplo, o arquivo é o bloqueado.txt:

```
# sed -i ´s/.$//´ bloqueado.txt
```

Procura a linha 45 23 * * * root /home/sistema/verlogs1.sh no arquivo /etc/crontab e a apaga:

```
# sed -i "/45 23 \* \* \* root \/home\/sistema\/
verlogs1.sh\.sh/ s/^.*$/ /" /etc/crontab
```

Algumas expressões regulares usadas:

^	começo de linha
$	fim de linha
.	qualquer caracter simples (apenas um)
(caracter)*	qualquer ocorrência, em qualquer quantidade, de (caracter)
(caracter)?	com zero ou uma ocorrência de (caracter)
[abcdef]	com qualquer caracter dentro dos [ ]
[^abcdef]	com qualquer caracter NÃO incluído em [ ]
(caracter)\{m,n\}	com m-n repetições de caracter
(caracter)\{m,\}	com m ou mais repetições de caracter
(caracter)\{,n\}	com n ou menos repetições de caracter
(caracter)\{n\}	com exatamente n repetições de caracter
\(expressão\)	operador de grupo.
\n	Backreference - com o n-ésimo grupo
expressão1 |expressão2	com expressão1 ou expressão2.

segundo plano

O & serve para rodar qualquer comando em segundo plano, ou seja, o & depois de qualquer comando informa ao sistema para executar o comando em segundo plano.

Ao inserir um serviço em segundo plano, o usuário pode então continuar usando o terminal, mas se o comando tem de ser executado em primeiro plano o usuário não poderá usar o terminal até que o processo finalize.

Sintaxe: comando &

separador de comandos

Como no título, servem para separar comandos numa mesma linha e são:

```
;
;\

Exemplos:

# cp teste3 teste4; ls

# cp teste3 teste4;\
# ls
```

Primeiramente os comandos são digitados e depois são executados, neste exemplo, igual ao anterior, sendo diferente apenas no separador de comandos.

service

Verifica o status corrente dos serviços, além de iniciar, parar e restartar.

Sintaxe: service serviço opção

Exemplos:

\# service network restart

Reinicia a rede.

\# service smb stop

Pára o service do Samba. Para iniciar, simplesmente execute:

```
# service smb start
```

service —status-all

Lista o status de todos os serviços.

set

Mostra a lista das variáveis do ambiente de um usuário. Para ver o valor de uma determinada variável use o comando printenv.

Sintaxe: set

setclock

Ajusta o relógio (data e hora) do micro conforme o que está configurado no sistema.

Sintaxe: setclock

setfont

Muda o tipo da fonte no console

Sintaxe: setfont nome_da_fonte

Exemplo:

```
# setfont acme.fnt
```

As fontes ficam no diretório /usr/lib/kbd/consolefonts.

setserial

Exibe ou modifica as definições de uma porta serial.

Sintaxe: setserial opção device outros

Se o comando for executado sem opção, será informado o tipo, o número e a velocidade da porta do equipamento especificado.

Sendo que device é a serial e normalmente possui o formato /dev/cua0.

Opções:

-a:

Lista as informações sobre a serial.

-b:

Lista resumo das informações sobre o equipamento.

Parâmetros:

baud_base n:

Define o valor da velocidade da porta.

irq n:

Define o valor da interrupção da porta.

port n:

Define o valor da porta de I/O do equipamento.

uart tipo:

Define o tipo do equipamento, que poderia ser: none (desabilita a porta), 8250, 16450, 16550, 16550A, 16650, 16650V2, 16654, 16750, 16850, 16950 ou 16954.

Exemplos:

setserial -a /dev/cua0

Lista informações do cua0.

setserial /dev/cua0 irq 4

Define a IRQ 4 para o cua0.

setserial /dev/cua0 port 0x03f8 irq 4

Ajusta a porta serial para uma definição não default.

setterm

Configura atributos do terminal, no modo texto.

Sintaxe: setterm opção

Opções:

-background:

Altera a cor de fundo do terminal.

-blank valor:

Configura a proteção de tela em minutos, e o valor pode variar de 0 a 60 e quando configurado para 0, a proteção de tela é desativada.

-foreground:

Altera a cor da fonte.

-reset:

Coloca o terminal na condição de recém ligado.

-store:

Passa a assumir as opções definidas no comando como padrão.

As cores disponíveis são:

- black
- red
- green
- yellow
- blue
- magenta
- cyan
- white
- default

Exemplos:

setterm –blank 10

Configura a proteção de tela no console para 10 minutos.

setterm -store -background blue

Altera para a cor azul o fundo do terminal.

sfdisk

Lista a tabela de partições.

Sintaxe: sfdisk opção dispositivo

Algumas opções:

-l: (letra éle minúsculo)

Lista partições de cada dispositivo.

-s:

Lista o tamanho de uma partição.

-x:

Lista, inclusive partições estendidas.

Exemplos:

```
# sfdisk -s
```

```
# sfdisk -l
```

shell

Interpretador de comandos, ou seja, os comandos executados são interpretados pelo shell e esses comandos podem estar embutidos ou não no shell.

Existem vários shells para Linux e para saber qual é o seu shell padrão, ou o que está usando, use o comando printenv.

```
# printenv SHELL
```

Deverá retornar algo parecido com: /bin/bash

Que neste caso, estou usando o bash.

Veja também: scripts

shutdown

Desliga ou reinicia o sistema.

Veja também: init

Exemplos:

shutdown –h now

Desliga o micro.

shutdown – r now

Reinicia o micro.

shutdown –h +1

Desliga o micro após um minuto.

shutdown –r +1

Reinicia o micro após um minuto.

shutdown –c

Cancela um desligamento em andamento.

shutdown -h -t 30 "Servidor sendo desligado em 30 segundos"

Desliga o micro após 30 segundos e envia a mensagem.

Dicas:

- O desligamento pode ser configurado para uma hora específica no formato HH:MM.
- Pode-se também reiniciar usando a combinação das teclas CTRL ALT DEL.
- Criando um usuário desliga para quando se logar no micro com ele, o mesmo será desligado. Siga o seguinte procedimento:

Crie o usuário desliga:

```
# adduser desliga
```

Defina uma senha para o usuário desliga:

```
# passwd desliga
```

Copie o shutdown de /sbin/shutdown para o diretório /home/desliga:

```
# cp /sbin/shutdown /home/desliga
```

Setar o suid do shutdown que foi copiado:

```
# chmod +s /home/desliga/shutdown
```

Edite o arquivo.bash_profile

```
# mcedit /home/desliga/.bash_profile
```

e insira na última linha:

```
./shutdown -h now
```

Poderia colocar o exit após a execução do shutdown, assim, quando houvesse a autenticação do usuário desliga remotamente, o micro seria desligado e já fecharia a tela de conexão.

sleep

Pára um processo por um certo tempo. Muito utilizado em scripts, como por exemplo, quando uma mensagem é enviada para a tela e queremos que a mesma fique estática por 10 segundos.

Sintaxe: sleep tempo

smbpasswd

Usado para adicionar usuários Linux ao Samba. Este comando deve ser executado como usuário root quando se tratando de usuários e não do próprio usuário.

Sintaxe: smbpasswd opção usuário senha

Opções:

-a:

Adiciona usuário.

-d:

Desabilita usuário.

-e:

Habilitar usuário.

-x:

Deleta usuário.

-s:

Entrada com a senha na linha de comando, útil em scripts.

-U:

Altera a senha.

Exemplo:

```
Senha=makeasy
useradd -s /bin/false $New_User -g $New_Group
echo makeasy | passwd $New_User —stdin
( echo $Senha ; echo $Senha ) | smbpasswd -s -a $New_User
```

O exemplo acima, retirei de um script que uso para configurar o Samba, estude-o e sinta-se a vontade em usá-lo.

sort

Ordena o conteúdo de um arquivo texto.

Sintaxe: sort opção arquivo

Opções:

-f:

Ignora a diferença entre maiúsculas e minúsculas.

-r:

Inverte a ordem, ou seja, organiza em ordem decrescente.

-b:

Ignora espaços em branco.

-c:

Retorna uma mensagem de erro se o arquivo não estiver ordenado e nenhuma classificação ocorre.

-o arquivo:

Grava o resultado no arquivo especificado.

Exemplos:

```
# sort teste3

# sort -r teste3
```

Dica:

O comando trata o arquivo como um conjunto de caracteres onde a ordem crescente seria: espaços, números, letras maiúsculas [A-Z] e letras minúsculas [a-z].

split

Dividi um arquivo, em outros menores.

Sintaxe: split opção arquivo prefixo

Opções:

-b num[bkm]:

Coloca num bytes, kbytes ou Mbytes em cada arquivo.

-l linhas:

Em números de linhas em cada arquivo.

Exemplo:

```
# split -l 5 teste1 novo
```

Para juntar os arquivos novamente, use o cat.

ssh

O SSH (Secure Shell, ou Shell seguro) é um programa que permite a execução de comandos em uma máquina remota, utilizando para isso um canal de comunicação criptografado, que é uma alternativa mais segura e com mais funcionalidades que o telnet.

A utilização de métodos de criptografia na comunicação entre duas máquinas torna o SSH uma ferramenta bastante útil na administração de máquinas.

SSH apresenta como vantagem uma forma de autenticação mais avançada, podendo utilizar chaves assimétricas. O SSH faz uso do SSL.

O SSH possui várias implantações cliente e servidor, dentre elas, ssh, openssh, sftp (Secure FTP), entre outros. Os clientes são distribuídos para quase todas as plataformas existentes. Neste livro, usei como cliente, o programa putty para me conectar e executar os comandos numa máquina Linux, inclusive quase todas as telas copiadas, são na utilização dele. Veja a próxima tela de exemplo:

Sintaxe: ssh host

Exemplos:

```
# ssh 192.168.0.1

# ssh 192.168.0.2 -l marco
```

stat

Mostra atributos (informações gerais - inode) de um arquivo.

Sintaxe: stat arquivo

Exemplos:

```
# stat /etc/firewall.sh

# stat /var/log/messages
```

Dica:

Já o arquivo /proc/stat, serve para "monitorar" o estado da CPU.

su

Troca o usuário corrente.

Sintaxe: su opção usuário

Exemplos:

su

Troca para o superusuário, ou seja, o root e também é solicitado a senha do root.

su marco

Troca para o usuário marco. Caso esteja logado como root, não será solicitado a senha, mas caso esteja logado como outro usuário qualquer, será então solicitado a senha do usuário marco.

A opção –c

Para executar comandos como outro usuário, por exemplo, estou logado como usuário marco, portanto, não posso executar o adsl-start.

Poderia então usar o comando su com a opção –c para executar o adsl-start.

su –c adsl-start

Seria então solicitado a senha do root e depois executado o comando.

Na verdade a sintaxe com a opção –c seria com o nome do usuário na frente e quando não se coloca, por default, assume que seja o usuário root.

Dicas:

- Digite exit para sair da sessão atual e retornar a sessão anterior.
- Habitualmente, não trabalhe logado como usuário root e sim com a sua conta.

sudo

Executa um comando usando os privilégios de um outro usuário, sendo que, é necessário a autorização no arquivo /etc/sudoers.

Sintaxe: sudo opção comando

Algumas opções:

-l:

Lista os comandos possíveis de serem usados e também os não permitidos.

-u usuário:

Executa o comando com os privilégios do usuário especificado.

Exemplo de parte do arquivo do sudo:

```
makeasy  ALL=NOPASSWD:  /usr/sbin/iptables
makeasy  ALL=NOPASSWD:  /usr/sbin/iptables-save
makeasy  ALL=NOPASSWD:  /usr/sbin/iptables-restore
```

As linhas acima dão permissão para o makeasy, sem a necessidade de senha, a executar o iptables.

swapoff

Desabilita dispositivos e arquivos para paginação e troca.

Sintaxe: swapoff opção

-a:

Desabilita todos os dispositivos marcados com sw em /etc/fstab.

Exemplo:

```
#  swapoff  /dev/hda2
```

Desabilita a partição /dev/hda2.

swapon

Habilita dispositivos e arquivos para paginação e troca.

Sintaxe: swapon opção

-a:

Disponibiliza todos os dispositivos marcados com “sw” em /etc/fstab.

Exemplo:

swapon /dev/hda2

Habilita a partição /dev/hda2.

Dica:

Antes de habilitar, deve-se primeiro criar a área de swap.

sysctl

Mostra todos os parâmetros configuráveis do Linux.

Exemplos:

sysctl –a

Lista tudo.

sysctl –a | grep net.ipv4

Lista o que contém “net.ipv4”

tac

Concatena e/ou mostra o conteúdo de um arquivo binário ou texto, na ordem inversa, ou seja, iniciando pela última linha.

Veja também: cat

Sintaxe: tac arquivo

Exemplo:

```
# tac novoab
```

tail

Lista a última parte de um arquivo. Por default, as últimas 10 linhas.

Veja também: head

Sintaxe: tail arquivo

Exemplos:

tail /var/log/messages

Irá listar as 10 últimas linhas do arquivo /var/log/messages

tail -n 5 /var/log/messages

Irá listar as 5 últimas linhas do arquivo /var/log/messages.

tail -f /var/log/squid/access.log

A opção -f permite uma visualização dinâmica, ou seja, em tempo real. No exemplo acima, o comando irá listar as últimas linhas do arquivo /var/log/messages em tempo real, ou seja, "vai acontecendo", "vai aparecendo".

tail -50 /var/log/messages > teste

Copia as últimas 50 linhas do arquivo /var/log/messages para o arquivo teste

talk

Usado para poder conversar via terminal com uma outra pessoa.

Veja também: mseg

Exemplo:

```
# talk usuário
```

Após o talk ser iniciado, será verificado se o usuário pode receber mensagens, em caso positivo, ele enviará uma mensagem ao usuário dizendo como responder ao seu pedido de conversa.

Para aceitar o convite para a conversa, digite:

```
# talk nomedosusuario
```

tar

De "Tape ARchiving". Muito usado para gerar back-up. O comando tar compacta e descompacta arquivos e diretórios.

Opções:

-x:

Extrai do arquivo-tar, ou seja, descompacta.

-c:

Cria um novo arquivo-tar, ou seja, compacta.

-p:

Na extração, mantém as permissões do arquivo.

-f:

Indica o nome do arquivo final (que será o arquivo compactado).

-z:

Filtra o arquivo – gzip.

-v:

Mostra a lista de arquivos na extração.

-t:

Lista o conteúdo do arquivo-tar.

-u:

Adiciona somente arquivos com data mais recente que a do arquivo que estiver no arquivo compactado.

Exemplos:

tar -c teste1 teste2 teste3 -f backup1

Gera um back-up dos arquivos teste1, teste2 e teste3 com o nome de backup1.

tar -tf backup1

Lista o conteúdo do arquivo backup1, ou seja, o que foi backupeado.

tar -xf backup1

Restaura o conteúdo do arquivo backup1, ou seja, o que foi backupeado.

tar -zpfx backup1.tar.gz

Restaura o conteúdo do arquivo backup1.tar.gz, mantendo as permissões.

tar -zpfx backup1.tar.gz

Restaura o conteúdo do arquivo backup1.tar.gz, mantendo as permissões e listando-os enquanto extrai.

tar xvf backup_txt diario

Para extrair apenas um determinado arquivo (diário) do backup_txt.

Dicas:

- Um diretório também pode ser compactado com o comando tar: basta especificar o nome do diretório no comando de compactação.
- Arquivos que possuem a extensão .tar.gz podem ser descompactados e extraídos com as opções xzvf do comando tar. Isto corresponde a usar o comando gunzip para descompactar o arquivo tar e depois usar o comando tar xvf para extrair os arquivos.

tcpdump

Mostra o tráfego de rede através de uma interface. Uma ferramenta bem crua mas de ótima funcionalidade, sendo possível customizar algumas tarefas.

Exemplo:

```
# tcpdump -i eth0
```

Por exemplo, execute o tcpdump na máquina 192.168.0.2 e na máquina 192.168.0.3 execute o comando ping na máquina 192.168.0.2, com isso será fácil de entender o que está acontecendo.

tee

O retorno de um comando, além de ser mostrado na tela, será gravado num arquivo, ou melhor, ler da entrada padrão e grava na saída padrão.

Sintaxe: tee arquivo

Exemplos:

ls -la | tee teste7

O retorno do comando ls -la, além de ser apresentado na tela, também foi incluído no arquivo teste7, ou seja, com o uso do pipe (|).

tee teste1

Toda entrada digitada pelo usuário, será mostrada na tela e também gravada no arquivo teste1. O que é digitado é repetido na tela, ou seja, mostra na tela uma vez e grava no arquivo. Para sair pressione CTRL C.

Para acrescentar novos dados de entrada ao final do arquivo teste1, sem que as informações que lá estão sejam apagadas, use:

```
# tee -a teste1
```

Dica:

Caso o nome de arquivo não seja especificado junto do comando tee, os dados apenas serão exibidos na saída padrão, ou seja, a tela.

telnet

Permite acesso a um computador remoto, em modo texto, usando, por exemplo, o IP ou nome do host. Após a conexão é solicitado o login e senha.

Sintaxe: telnet máquina

Opções:

-8:

Requisita uma operação binária de 8 bits.

-a:

Tenta um login automático, enviando o nome do usuário corrente.

-d:

Ativa o modo de debug.

-r:

Ativa a emulação de rlogin.

-l usuário:

Faz a conexão usando usuário como identificação.

Exemplos:

```
# telnet 192.168.0.1
```

Um exemplo básico.

Pode-se fazer uma conexão indicando a porta, sendo que a default é a 23.

```
# telnet -l marco 192.168.0.1
```

Solicita uma conexão como o usuário marco na máquina 192.168.0.1.

Dica:

O telnet é muito útil, mas não é muito seguro, pois tudo o que você digita, ou melhor, que trafega, é enviado em texto aberto, inclusive a senha. Atualmente se usa o SSH.

then

Usado com o comando if.

Exemplo:

```
if ! grep ´adsl-start´ /etc/rc.d/rc.local ; then
    Execute isso
fi
```

time

Serve para "calcular" e exibir o tempo que se leva para a execução de um comando.

Sintaxe: time comando

Exemplo:

```
# time ls -la /var
```

Mostra o tempo gasto para executar o comando ls no diretório especificado.

timed

Roda o daemon do serviço de hora.

top

Mostra os processos que estão acontecendo no momento, em ordem de prioridade, atualizando-se de tempo em tempo.

Sintaxe: top opção

Algumas opções:

-c:

Mostra a linha de comando completa.

-d tempo:

Atualiza a tela após o tempo especificado em segundos, sendo que o default é de 5 segundos.

-s:

Executa em modo seguro.

Exemplos:

top -d 10

Inicia o top e atualiza-o a cada 10 segundos.

```
# top
```

Neste caso é possível usar a barra de espaço para que a tela seja atualizada imediatamente.

Dica:

Para encerrar a execução do comando top, pressione <CTRL> + <C>, ou simplesmente q.

---

touch

Atualiza o registro da última atualização do arquivo e caso o arquivo não exista ele é criado. Na verdade o touch é mais usado para se criar um arquivo.

Exemplo:

touch teste9.txt

Cria o arquivo teste9.txt com data atual.

Dicas:

- Nomes de arquivos podem ter até 256 caracteres.
- A opção -t altera a data e a hora do último acesso/ modificação de um arquivo.

---

tput

Posicionar o cursor na tela numa posição especificada. Este comando é mais utilizado em scripts.

Exemplo:

tput cup 10 20

Posiciona o cursor na linha 10 e na coluna 20.

traceroute

Mostra a rota de um host até o outro, ou melhor, exibe todo o caminho percorrido de um pacote quando saiu de um host até se chegar ao host destino e a mensagem passa por 13 computadores até chegar ao final.

Sintaxe: traceroute opção host

Opções:

-i:

Especifica a interface de saída.

-r:

Tenta anular as tabelas de roteamento para ir (pular) para um host anexado.

tree

Apresenta, em formato de árvore, o conteúdo de um diretório, ou seja, a listagem dos arquivos e sub-diretórios de uma maneira "mais amigável".

Sintaxe: tree opção diretório

Opções:

-d:

Lista somente os subdiretórios.

-a:

Lista todos os arquivos, inclusive os ocultos.

-f:

Exibe o caminho completo dos arquivos.

-p:

Exibe as permissões dos arquivos.

Dica:

Caso o usuário não forneça o nome do diretório, assume-se o diretório atual.

---

true

Usado mais em scripts e retorna um status de saída de sucesso.

Exemplo:

```
while  true
do
    comandos
    .
    .
    .
done
```

tty

Indica um terminal em uso por um dispositivo, ou até mesmo por um usuário.

Exemplo:

```
# tty
```

Deverá retornar algo parecido com: /dev/pts/3

type

Um comando interno do shell que exibe a localização de um arquivo executável.

Veja também: file

Sintaxe: type arquivo

Exemplos:

```
# type iptables
```

```
# type mc
```

umask

Define as permissões quando da criação de novos arquivos e diretórios. Quando é criado um arquivo ou um diretório, por default, recebe uma certa permissão. Então na prática quando um usuário cria um arquivo, o sistema associa ao mesmo um conjunto de permissões.

Veja também: chmod

Sintaxe: umask

Para verificar a configuração atual do umask, digite umask.

E para alterar, por exemplo:

```
# umask 002
# umask 003
# umask 001
```

umount

Desmonta um sistema de arquivo.

Veja também: mount

Opção:

-r:

No caso da desmontagem falhar, tenta remontar apenas para leitura.

Exemplos:

```
# umount /dev/fd0
```

```
# umount /mnt/floppy/
```

Dois exemplos para desmontar o floppy.

Dica:

Na desmontagem de um sistema de arquivos, o diretório não deve ser o seu corrente, assim como também de outro usuário.

unalias

Remove um alias criado.

Veja também: alias

Exemplo:

unalias dir

Remove o alias "dir" criado pelo comando alias.

uname

Mostra informações do sistema (nome da máquina, data, kernel, processador, etc).

Sintaxe: uname opção

Algumas opções:

-a:

Exibe todas as informações.

-m:

Exibe o tipo de máquina (hardware).

-n:

Exibe o nome de rede da máquina.

-r:

Exibe a versão do kernel.

-s:

Exibe o nome do sistema operacional.

-v:

Exibe a data de compilação do kernel.

Exemplos:

uname -a

Mostra o sistema operacional, com a versão, nome da máquina, data da compilação, etc.

uname

Caso nenhuma opção seja definida, apenas o nome do sistema operacional é apresentado.

Neste exemplo, tem a mesma função com a opção -s.

unarj

Descompacta arquivos arj.

Exemplo:

```
# unarj arquivo.arj.
```

uncompress

Descompacta arquivos que foram compactados pelo compress.

Sintaxe: uncompress arquivo

Exemplos:

uncompress teste1

Descompacta o arquivo teste1.

uncompress –c teste2

Descompacta o arquivo teste2 e não sobrepõe o arquivo compactado antigo.

until

Tem as mesmas características do while, a única diferença é que ele faz o contrário.

Sintaxe:

```
until  CONDIÇÃO
          do
                comandos
done
```

Exemplo:

```
variavel="naovalor"
until [ $variavel = "valor" ]
         do
                comando1
                comando2
done
```

Ao invés de executar o bloco de comandos (comando1 e comando2) até que a expressão se torne falsa, o until testa a expressão e executa o bloco de comandos até que a expressão se torne verdadeira. No exemplo, o bloco de comandos será executado desde que a expressão $variavel = "valor" não seja verdadeira. Se no bloco de comandos a variável for definida como "valor", o until pára de executar os comandos quando chega ao done.

Um exemplo para o until que, invertido, funciona como o while:

```
var=1
count=0
until [ $var = "0" ]
        do
              comando1
              comando2
              if [ $count = 9 ]; then
                 var=0
              fi
          count=`expr $count + 1`
done
```

Primeiro, atribuímos à variável "$var" o valor "1". A variável "$count" será uma contagem para quantas vezes quisermos executar o bloco de comandos. O until executa os comandos 1 e 2, enquanto a variável "$var" for igual a "0". Então usamos um if para atribuir o valor 0 para a variável "$var", se a variável "$count" for igual a 9. Se a variável "$count" não for igual a 0, soma-se 1 a ela. Isso cria um laço que executa o comando 10 vezes, porque cada vez que o comando do bloco de comandos é executado, soma-se 1 à variável "$count", e quando chega em 9, a variável "$var" é igualada a zero, quebrando assim o laço until.

unzip

O comando unzip irá listar, testar ou extrair arquivos de um arquivo compactado. O padrão é extrair arquivos de um arquivo.

Sintaxe: unzip arquivo

Exemplos:

```
# unzip -l livro.zip
```

Apenas mostra o conteúdo do arquivo livro.zip sem descompactá-lo.

```
# unzip -c livro.zip
```

Descompacta o arquivo livro.zip.

updatedb

Cria e atualiza a base de dados de nomes de arquivos para o uso do comando locate, que serve para pesquisar nomes de arquivos.

O banco de dados de nomes de arquivos é chamado de locatedb e fica localizado em /var/lib ou /var/lib/slocate/slocate.db.

Veja também: locate

Sintaxe: updatedb

uptime

Retorna a hora atual, a carga do sistema, a quantidade de usuários conectados e o período de tempo de execução do sistema.

Sintaxe: uptime

useradd

Cria um usuário, sem senha, no sistema e por default cria-se automaticamente um diretório em /home com o mesmo nome do usuário.

Os dados do usuário são colocados no arquivo /etc/passwd e os dados do grupo são colocados no arquivo /etc/group.

Caso esteja usando senhas ocultas, conhecido como "shadow" para os usuários, elas serão colocadas no arquivo /etc/shadow e as senhas dos grupos no arquivo /etc/gshadow.

A configuração padrão usada pelo comando useradd é definida no arquivo /etc/default/useradd e em /etc/login.defs.

O comando useradd cria uma entrada para o usuário no arquivo /etc/passwd, contendo o nome do usuário, o diretório, etc.

Veja também: adduser

Sintaxe: useradd opção usuário

Opções:

-s shell:

Define o shell do usuário.

-u uid:

Define o valor do uid do usuário.

-d diretório:

Define o diretório home do usuário, caso contrário será criado um diretório, como por exemplo, /home/marco ou /home/amarildo, etc.

-e:

Define a data de expiração da conta, sendo no formato MM/DD/AA.

-g grupo:

Define o grupo do usuário.

-G grupo(s):

Define outros grupos que o usuário pode pertencer.

Exemplos:

useradd marco

Inclui o usuário marco.

useradd –d /home/lunardi marco

Inclui o usuário marco e também cria o seu diretório home, que será /home/lunardi e não o default /home/marco.

useradd –e 11/04/06 marco

Cria o usuário marco e define que a conta irá expirar em 11/04/06, sendo MM/DD/AA.

useradd marco –g admin

Cria o usuário marco no grupo admin. O grupo deve ser criado primeiro.

useradd -g professor leticia

Cria usuário leticia no grupo professor

Dica:

```
# useradd marco
# echo qwerty | passwd marco – stdin
```

Cria o usuário marco e já define uma senha (qwerty) para o mesmo.

userdel

Apaga um usuário do sistema.

Sintaxe: userdel usuário

Veja também: adduser e useradd

Exemplos:

\# userdel marco

Exclui o usuário marco.

\# userdel –r marco

Exclui o usuário marco e seu respectivo diretório em /home. Caso o usuário tenha algum arquivo em outro local, este arquivo não será excluído automaticamente, ou seja, é necessário que você saiba que ele exista, onde está e deletá-lo manualmente.

usermod

Altera dados da conta do usuário, tais como ID, shell, grupo, etc.

Sintaxe: usermod opção usuário

Opções:

-e MM/DD/AA:

Define uma data de expiração da conta.

-s shell:

Altera o shell do usuário.

-u uid:

Altera o UID do usuário.

-d diretório [-m]:

Cria um novo diretório home para o usuário e a opção -m faz com que o diretório atual do usuário seja movido para o novo diretório.

-g grupo:

Altera o grupo padrão do usuário.

-G grupo(s):

Define outro(s) grupos que o usuário pertencerá.

-l usuário: (letra éle minúsculo)

Altera o nome do usuário.

Exemplos:

usermod -l lunardi marco

Altera o nome de login atual (marco) para o novo (lunardi). Permanece a senha.

usermod –G professor,aluno nelson

Adiciona o usuário Nelson ao grupo Aluno, além do que ele já fazia parte, o grupo Professor.

usermod -s sh lunardi

Altera o shel do usuário lunardiz para o novo (sh).

users

Mostra os usuários logados ao sistema.

Sintaxe: users

variáveis

Variáveis são caracteres que armazenam dados, uma espécie de atalho. O bash reconhece uma variável quando ela começa com $.

Exemplos:

Digite:

```
#  variavel="teste"
```

E depois:

```
# echo $variavel
```

Deverá aparecer:

```
teste
```

Veja a seqüência dos comandos na próxima figura:

```
# variável="teste"
# echo $variável
Irá mostrar: teste
```

Neste exemplo a palavra teste foi atribuída a variável de nome variável.

```
# DATA='date +%m%d%y'
```

Se digitar:

```
# echo $DATA
```

Irá retornar:

```
011207
```

O comando date, como especificado acima, irá retornar o valor 011207, onde 01 indica o mês de janeiro, 12 o dia do mês e 07 o ano.

Importante notar as aspas invertidas (' '). Ao se delimitar um comando por aspas invertidas você está indicando que está interessado no resultado do comando, que por sua vez será atribuído à variável.

```
# variavel="Hoje é 'date'"
# echo $variavel
```

Deverá retornar a data completa e antes dela "Hoje é".

```
# echo "Qual seu nome ? " ; read variavel
```

Deverá aparecer:

Qual seu nome ?

E quando responder, irá aparecer o que digitou.

vdir

Lista um diretório num formato longo.

Sintaxe: vdir

Veja também: dir e ls

vi

Vi é um editor de textos ASCII poderoso e muito usado no Linux para edição de arquivos e programas. A primeira vista, o uso do vi não é muito atraente, mas a edição simples de textos pode ser feita usando poucos comandos.

No vi temos o "modo de operação" e o "modo de inserção". No modo de operação o vi espera comandos do teclado. No modo de inserção, tudo que for digitado é encarado como texto a ser inserido.

Para executar o vi, digite:

```
# vi
```

Inicia o vi.

Para sair tecle : q <ENTER>

```
# vi teste34
```

Inicia o vi abrindo o arquivo teste34 ou caso não exista, é criado.

Comandos para salvar/sair o texto:

:wq	Salvar as alterações no arquivo e sair do editor.
:w arquivo	Salva o arquivo corrente com outro nome e continua a edição.
:w! arquivo	Salva o arquivo corrente no arquivo especificado.
:q	Sair do editor. Se mudanças não foram salvas é apresentada uma mensagem de advertência.
:q!	Sair do editor sem salvar as alterações realizadas.

vigr

Um editor de texto que somente serve para editar o arquivo /etc/group.

Para alterar o editor padrão deve-se alterar, ou definir caso não exista, a variável ambiente EDITOR, como por exemplo, o comando export EDITOR=vi

Sintaxe: vigr

Para sair tecle : q <ENTER>

vim

De "VI Improvement". Um editor de textos em formato ASCII, que na verdade é uma melhoria do editor vi. O vim possui três formas de trabalho: modo de linha, modo de edição e modo de comandos. A mudança de um modo para outro modo é feita através do uso da tecla Esc.

Sintaxe: vim opção arquivo

Algumas opções:

-b:

Permite editar arquivo binário.

-h:

Exibe opções do aplicativo.

llvipw

lUm editor de texto que somente serve para editar o arquivo /etc/passwd.

Para alterar o editor padrão deve-se alterar, ou definir caso não exista, a variável ambiente EDITOR, como por exemplo, o comando export EDITOR=vi

Sintaxe: vipw

Para sair tecle : q <ENTER>

visudo

Edita o arquivo /etc/sudoers.

Para alterar o editor padrão deve-se alterar, ou definir caso não exista, a variável ambiente EDITOR, como por exemplo, o comando export EDITOR=vi

vlock

Trava um terminal local, que esteja em modo texto. Um método não muito usado, sendo que é mais recomendado, simplesmente fazer um logout.

vmstat

Mostra informações sobre a memória virtual.

Sintaxe: vmstat

w

Mostra uma lista de usuários correntes e as tarefas que estão executando.

Sintaxe: w usuário

Exemplos:

```
# w

# w marco
```

wall

Exibe o conteúdo da entrada padrão em todos os terminais de todos os usuários atualmente com acesso, ou seja, envia uma mensagem para todos no terminal.

Sintaxe: wall mensagem

Exemplo:

```
# wall isto é um teste
```

watch

Executa um comando num certo intervalo de tempo.

Exemplos:

watch -n 5 clear

Executa o comando clear a cada 5 segundos.

watch -tn 5 clear

Executa o comando clear a cada 5 segundos e não mostra (opção -t) um título que o watch costuma mostrar.

wc

Mostra o número de palavras, linhas e caracteres de um arquivo.

Exemplos:

wc -c teste14

Mostra a quantidade de caracteres que contém no arquivo teste14.

wc -l teste14

Mostra a quantidade de linhas que contém no arquivo teste14.

wc -w teste14

Mostra a quantidade de palavras que contém no arquivo teste14.

Quando o uso do comando sem opção será mostrado todas as opções, sendo na seqüência, quantidade de linhas, quantidade de palavras, bytes e o nome do arquivo.

wget

Baixa arquivos da Internet, ou melhor, faz download, usando é claro, o terminal.

Opções:

-V:

Mostra informações.

-h:

Mostra o help.

Exemplo:

wget http://sarg.mcl.ru/9x/sarg-1...

Baixa o arquivo sarg-1... do site especificado.

whatis

Este comando procura palavras-chaves num banco de dados que possui algumas descrições dos comandos do sistema. Para que ele funcione, é necessário que antes seja criado o banco de dados e isto é feito com o comando makewhatis, sendo então:

```
# makewhatis
```

Sintaxe: whatis comando

whereis

Localiza, ou mehor, tenta localizar, o arquivo que contém uma página de manual, o arquivo binário e o fonte de um determinado comando. A pesquisa é feita usando-se os caminhos de páginas de manuais configuradas no sistema.

Sintaxe: whereis comando

Exemplos:

```
# whereis nmap

# whereis mc
```

which

Mostra a localização de um arquivo executável no sistema. A pesquisa de arquivos executáveis é feita através do path do sistema.

Sintaxe: which comando (ou programa)

Exemplos:

```
# which mc

/usr/bin/mc

# which shutdown

/sbin/shutdown
```

while

O while testa continuamente (um loop) uma expressão, até que ela se torne falsa.

Sintaxe:

```
while  CONDIÇÃO
          do
                 comandos
done
```

Exemplo:

```
variavel="valor"
while [ $variavel = "valor" ]
        do
             comando1
             comando2
done
```

Enquanto a "$variavel" for igual a "valor", o while ficará executando os comandos 1 e 2, até que a "$variavel" não seja mais igual a "valor". Se no bloco dos comandos a "$variavel" mudasse, o while iria parar de executar os comandos quando chegasse em done, pois agora a expressão $variavel = "valor" não seria mais verdadeira.

who

Mostra quais usuários estão acessando o sistema e as sessões. Este comando lista os nomes de usuários que estão conectados em seu computador, o terminal e data da conexão.

Sintaxe: who

who am i

Se você utilizou o comando su para trocar de usuário, o comando "who am i" informa a identificação a partir da qual você efetuou o login máquina.

Sintaxe: who am i

Exemplos:

Vamos a um exemplo para melhor explicar: eu me loguei remotamente como usuário marco e depois mudei (su) para o usuário root, então executando o comando:

```
# who am i
```

Será mostrado o usuário marco, data e o IP.

Agora se eu executasse o comando:

```
# whoami
```

Será mostrado o usuário root.

Então o "whoami" mostra o usuário corrente e o "who am i" mostra com qual conta eu me loguei no sistema. Útil quando você usa várias contas e não sabe com qual nome entrou no sistema.

write

Usado para escrever e enviar mensagens para outro usuário, na rede. Um pouco diferente do comando talk, que serve para conversar, num terminal, em tempo real.

Sintaxe: write usuário

ou

write usuário terminal

xargs

Concatena a execução de comandos, ou seja, executa um comando logo em seguida do outro, ou de outros.

Exemplos:

```
# ls tes* | xargs rm -f
```

Serão localizados os arquivos iniciados por "tes" e depois excluidos.

```
# ls tes* | xargs rm -f | xargs ls
```

Serão localizados os arquivos iniciados por "tes", depois excluídos e por último será listado o conteúdo do diretório.

ypdomainname

Mostra o nome de domínio NIS.

Veja também: hostname

Na verdade o ypdomainname é um link para o comando hostname.

zcat

De "zip cat". Mostra o conteúdo de um arquivo compactado. Não é muito comum efetuar isto por este comando, mas o zcap também descompacta.

Este comando é muito utilizado quando precisa-se ver o conteúdo de um arquivo compactado sem a necessidade de descompactar o mesmo.

Sintaxe: zcat arquivo.gz

zgrep

Procura em arquivos compactados, um padrão especificado. Veja as opções do comando grep.

zip

Compacta um ou mais arquivos e até mesmo diretórios.

Sintaxe: zip novo_arquivo arquivo_a_ser_compactado

Exemplos:

zip teste teste1

Compacta o arquivo teste1, gerando o arquivo teste.zip

zip teste teste1 teste2 teste3

Compacta os arquivos teste1, teste2 e teste3, gerando o arquivo teste.zip

zipgrep

Procura em arquivos compactados, um padrão especificado. Veja as opções do comando egrep.

zipinfo

Mostra informações sobre um arquivo compactado ZIP.

zmore

Visualiza o conteúdo de arquivos texto compactados. Seria como o uso do comando more listando o conteúdo de um arquivo.

znew

Converte um arquivo compactado pelo comando compress para um gzip. O compress gera arquivos com a extensão .z e o gzip com extensão .gz.

Impressão e acabamento
Gráfica da Editora Ciência Moderna Ltda.
Tel: (21) 2201-6662